LADISLAS

PÈLERIN

D'EGYPTE ET DE PALESTINE

POITIERS. — TYPOGRAPHIE OUDIN ET Cie.

LADISLAS

· LE SOURD-MUET ·

JOURNAL DE BORD

&

PREMIÈRES CHEVAUCHÉES

D'UN JEUNE POITEVIN

PÈLERIN D'ÉGYPTE

ET DE PALESTINE, 1890

PAR L'ABBÉ A. BLAIN

Aumônier des Sourds-Muets

Poitiers

La teint bronzé, la main aux rênes,
L'œil interrogeant les chemins,
A travers ces plages lointaines
Vous voliez......... où donc Pèlerins ?
(CHANT DU RETOUR)

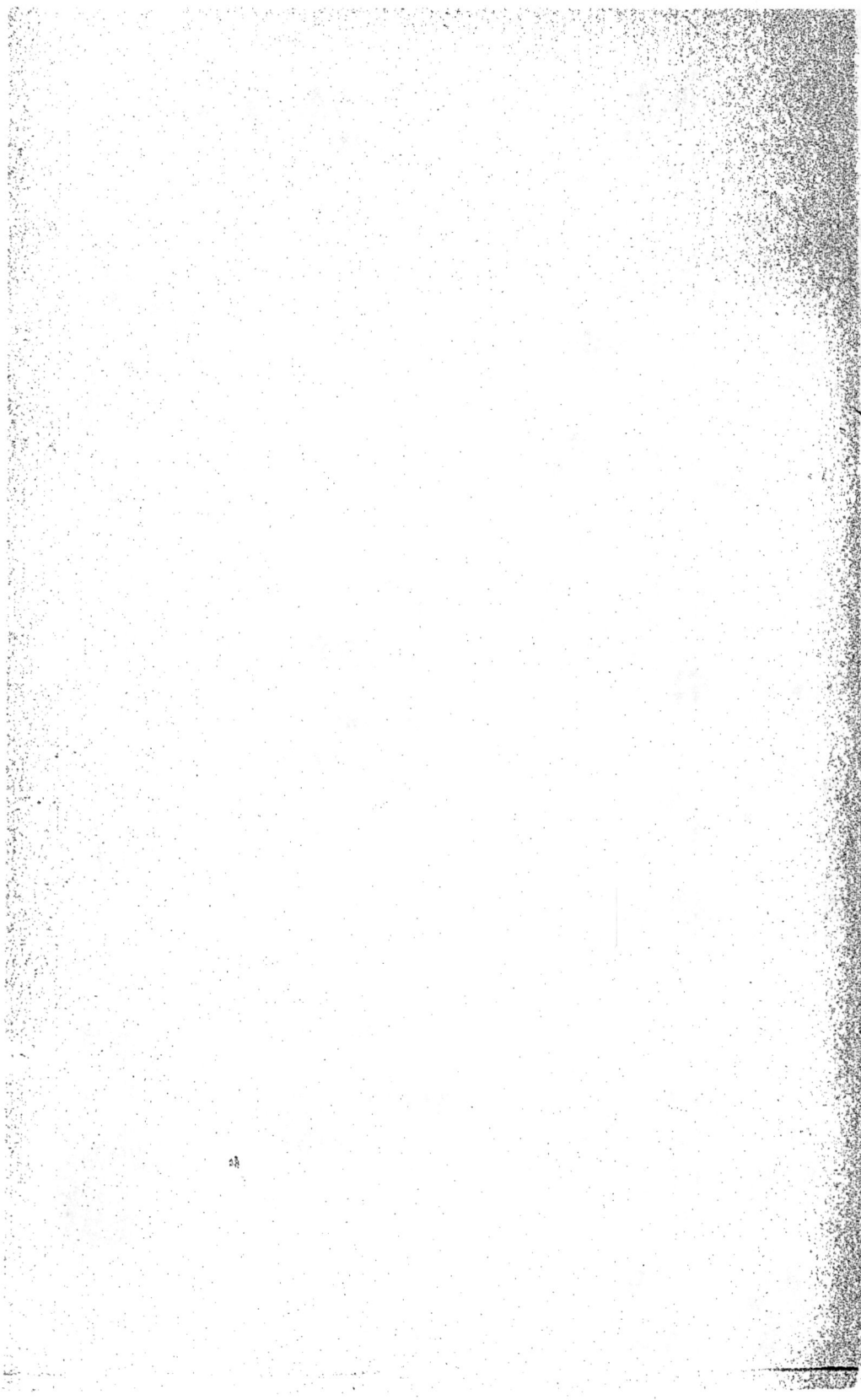

A TOUS LES AMIS DE LA TERRE-SAINTE

MODESTE ET RESPECTUEUX HOMMAGE.

— Eh quoi! un nouveau « Guide » du Pèlerin en Palestine?

— Dieu m'en garde! cher lecteur. Ils foisonnent; et tous se recommandent d'un nom autorisé.

Ce n'est point un « Guide »; à peine un MÉMORIAL.

Encore sous l'émotion des inoubliables souvenirs de la Terre-Sainte, j'ai voulu consigner, au plus tôt, avec mes impressions de prêtre-pèlerin, les multiples incidents qui ont marqué chacune de nos étapes en Égypte et en Palestine, incidents personnels, ou communs à toute la pieuse caravane.

Le compagnon de pèlerinage que j'introduis dans le récit — Ladislas le sourd-muet, devenu sourd-parlant grâce à la méthode d'articulation appliquée avec succès par les Frères de Saint-Gabriel et les Sœurs de la Sagesse, — m'a permis de donner à l'ensemble, comme ton général, une allure moins solennelle. Le lecteur me pardonnera s'il rencontre même, en quelques chapitres, une note un peu jeune telle qu'elle convient aux lèvres d'un adolescent jeté, à sa grande joie, sur les continents d'Afrique et d'Asie.

La jeunesse de nos écoles chrétiennes!
Mais c'est là que les vaillants Pères de l'Assomption

recruteront les PÈLERINS de demain. Qu'ils lisent donc,
ces braves cœurs, avec leur jeune enthousiasme, les
épisodes tour à tour émouvants, plaisants, pittores-
ques d'un pèlerinage accompli par un camarade qui
leur fraie le chemin, les invitant à le suivre là-bas, où
le cœur baigne dans la lumière de la vérité, dans la
flamme de l'amour; là-bas, où le zèle des fils du
Bienheureux de la Salle, secondé par le patriotisme,
sème et féconde, en pleine terre arabe, avec le germe
de la foi religieuse l'amour de la France.

Allons, cher petit livre, prends ton bourdon de pè-
lerin; va frapper à la porte de toute famille chré-
tienne, et, de ta voix la plus persuasive, demande :
« A ce foyer, qui sera croisé de la pénitence ? »

Jérusalem vous attend... Venez vous?

A. B.

Poitiers, septembre.
En la Nativité de Marie, fête de la basilique de Sainte-Anne,
sanctuaire français en Terre-Sainte.

Imprimatur :
L. PÉRIVIER,
vic. gén.

LISTE DES PÈLERINS
PAR DIOCÈSE

Agen.
Bert (Abbé),
Breil (Mlle).
Calmels-Puntis (Mlle de).
Drouillet de Sigalas (M.).
Fayet (Mlle).
La Garde (Abbé).
Mauroux (Abbé).
Pepin (Mme).
Thouron (Abbé).

Ibi.
Ginestet (Abbé).
Grayssaguel (M.)
Guiraud (M.).

Alger.
Schwartz (Abbé).

Amiens.
Damersal (Abbé).
Delahaye (Mlle).
Hagard (Mlle).
Villerelle (M.).

Angers.
Bourcier (M.).
Rousseau (Mlle).
Grand-Launay (M. du).
Motais (Mme).
Potard (Abbé).

Angoulême.
Goumet (Abbé).

Arras.
Baillict (Abbé).
Gottfried (Mme).
Leroy (Abbé).
Ovigneur (Mlle).
Rouget (Mlle).
Saison-Champagne (Mme).
Saison (Mlle).
Troisveux (Mlle).
Vincent (Mlle).

Auch.
Castelbajac (Abbé de).
Liesta (Abbé).

Autun.
Bruley (Mlle).
Grenot (Mlle).
Legros (Abbé).
Molez (Mlle Julie).
Molez (Mlle Philippine).
Olinet (Mlle).
Serve (M. le baron de La).

Avignon.
Gontard (Mlle).
Jouffret (Abbé).

Mounier (M.).
Parraud (Abbé),
Reynaud-Lacroze (Mme).
Thibaut (Mlle).

Bayeux.
Gaultier (Mlle).
Simon R. P.).

Bayonne.
Capou (Abbé).
Dubroca (Mme).
Fischer (Abbé).
Mazuyer (Mme).
Uhart (Abbé).

Beauvais.
Aubigny (M. d').
Dufrenoy-Fromentin (M.).
Dupont-White (Mlle).
Josset (M.).
Langlois (M.).
Pallier (R. P.).

Belley.
Curtet (Abbé).
Pittion (Abbé).

Besançon.
Bongeot (Mlle).
Jeannin (M.).
Pichon (Mlle).
Richard (Mme).
Vregille (Abbé de).

Blois.
Motte (Abbé).
Pillette (Mlle).

Bordeaux.
Anglade (Mlle).
Bahaus (Mlle).
Betgé de Lagarde (M.).
Brun (R. P.).
Castencau (Mlle).
Duburch (M.).
Fauché (Abbé).
Faurey (Abbé).
Fourcand (Abbé).
Froger de l'Eguille (Abbé).
Guicheteau (Abbé).
Marty (Abbé).
Prévot (M.).
Queyrens (M.).
Savignol (R. P.).
Servantie (Mme).

Bourges.
Bruant (M.).
Mingasson (Abbé).
Mingasson (Abbé).

Cahors.
Bouygues (Abbé).

Cambrai.
Caby (Abbé).
Catel (Mlle).
Cuyle (M.).
Darel (Abbé).
Degruson (Abbé).
Desmet (Mlle).
Dubus (Mlle).
Ferrier (M.).
Fleury (Abbé).
Imp..as (M.).
Meunier (M.).
Parein (M.).
Plichon (M.).
Sion (Abbé).
Thibaut (Abbé E.).
Thibaut (Abbé L.).
Verbecque (Abbé).

Carcassonne.
Ernest-Marie (R. P.)
Latour (Abbé).

Châlons.
Rémy (Abbé).

Chambéry.
Bonnetoy (M.).
Marin-Lamelet (M.).

Chartres.
Roussillon (Abbé).

Coutances.
Deschamps (Abbé).

Dijon.
Collombert (M.).
Lebert (M.).

Evreux.
Acard (Abbé).
Bournonville (M. de).
Mesnel (Abbé).
Poussin (M.).
Provost (M.).
Truffaut (Abbé).

Fréjus.
Bertrand (Mlle).
Segond (Mme).
Simon (M.).

Gap.
Bouchet (M.).
Bontoux (Abbé).

Grenoble.
Bouche (Abbé).
Fagot (Abbé).
Ferrouillat (M.).
Lacroix (M.).
Latreille (Abbé).
Patricot (Mme).
Trainard (Abbé).
Trainard (M.).

Langres.
Gaudonnet (Mgr).

Gaudonnet (M.).
Girardot (M.).
Meusy (Abbé).

La Rochelle.
Fraigne (M.).
Jouanny (Abbé).
Vachon (Abbé).

Laval.
Brendejoint (Mlle).
Gaumer (Mme).
Mongazon (Mlle).
Moreau (Abbé).
Pommier (Mme).

Le Mans.
Chantelou (Abbé).
Debray (Mlle).
Hardy de la Largère (M.).
Jalais (Abbé).
Lemercier (Abbé).
Nouet (Abbé).
Poirrier (Abbé).
Praslon (Abbé).
Ricordeau (M.).

Le Puy.
Marsein (Abbé).

Limoges.
Besséde (Abbé).
Gabiat (M.).
Lagrange (M.).

Luçon.
Dénéchaud (M.).
Phélippeau (M.).
Pichaud (R. P.).
Poiraud (Abbé).
Rouillon (Abbé).

Lyon.
Barnola (M.).
Cegretin (Abbé).
Chabrier (Abbé).
Coquard (Abbé).
Granjon (Mlle).
Granjon (Abbé).
Grimaud (Abbé).
Guer (M.).
Lafont (Mlle de).
Palhuet (Abbé).
Porte (M.).
Vautherin (Abbé).

Marseille.
Alezais (Mme).
André (M.).
Chaix (M.).
Christine (Sœur).
Deltour (Mlle).
Long (Mme).
Loth (Abbé).
Yvonne (Sœur).

Meaux.
Hubert-Godefroy (Abbé).

Montauban.
Cavaillé (Abbé),
Fiacre (Abbé),
Fieuzal (Abbé),
Tourne (Abbé),

Montpellier.
Favre (Abbé).

Moulins.
Buysson (M. du).
Lacroix (M.),
Thival (Abbé).

Nancy
Bailly (Abbé),
Cresson (Mlle),
Crevoisier (M.).

Nantes.
Huguet (R. P.).

Nevers.
Imbart-Latour (Mme).
Imbart-Latour (M.),
Le Clézio (Abbé).

Nice.
Ribera (Mme de).

Oran.
Jacquemin (Abbé),
Maugnier (Mlle).

Orléans.
Couret (M.).
Daudier (M.),
Didier (Mlle).
Dumuys (M.),
Francs (M. des),
Gilles (Abbé),
Janvier (Abbé),
Lucas (Abbé),
Robert (Mme),
Saint-Martin (Abbé),
Segaux (M.).
Verrier (M.).

Paris.
Akermann (Abbé),
Alléaume (M.),
Bailleul (Abbé),
Bailly (R. P.),
Blondé (Mlle),
Blondé-Guy (Mme).
Chausson (Mme),
Chauveau (M.),
Commelin (M.),
Crespin (Mme Vve),
Delobeau (Mlle),
Ducrot (Mme),
Drussant (M.),
Edmond (R. P.)
Gavant (M.),
Golliez (Mlle),
Gringoire (M.),
Gueury (Mme),
Hello (Abbé),
Herringer (Mme).

Hueppe (Mlle d').
Keegan (R. P.),
Lesestre (M.),
Lignereux (Mlle),
Poupin (M.),
Pretz (Mme de),
Summerson (Mlle),
Tournier (M.),
Vauquelin (M.).

Périgueux.
Carbonnier (Abbé),
Chabriais (Abbé),
Duffaud (Abbé),
Mauroux (Abbé),
Taillefer (Abbé),
Beau-Verdeney (Abbé),

Poitiers.
Alphonse (R.P.),
Bézaguy (Abbé),
Blain (Abbé),
Camille (R. P.),
Coutant (Abbé),
Drochon (Mlle),
Leray (Abbé),
Maichain (Mlle),
Marius (R. P.),
P., (Ladislas)
Rochebrochard (M. de la),
Sébastien (R. P.),
Vergneau (R. P.),

Reims.
Arnould (Abbé),
Baulny (Mlle),
Chatelain (Abbé),
Froment (M.),
Landrieux (Abbé),
Thiriot (M.),
Toussaint (Abbé).

Rennes.
Hamon (M.),
Lefeuvre (Mlle),
Le Maréchal (M.).

Rodez.
Denis (R. P.),
Gauchy (Abbé),
Iches (Abbé),
Marie-Bernard (R. P.),
Rouquié (Mlle).

Rouen.
Renault (Mme).

Saint-Brieuc.
Daniel (M.),
Kerroux (Mlle),
Le Bescond (Abbé),
Nicolas (Abbé).

Saint-Claude.
Grivel (Mlle de).
Lacroix (M.),
Meynier (Abbé).

Saint-Flour.
Albisson (Abbé),

Courchinoux (Abbé).
Montanier (Abbé).
Vigier (Abbé).
Séez.
Chollet (Abbé).
Loriot (M.).
Mesnil (Abbé).
Paysant (Abbé).
Sérée (Abbé).
Valé-Boulay (M.).
Sens.
Borda (Mme de).
Darley (M.).
Soissons.
Lefevre (Abbé).
Torlet (Abbé).
Tarbes.
Bourke (Mlle).
Claudel (Mlle).
Marie de Nazareth (Sœur).
Toulouse.
Delort (Mlle).
Desjardins (M.).
Tours.
Brisacier (Abbé).
Couturier (Mlle).
Gaucher (Abbé).
Guilhen (Abbé).
Vallée (Abbé).
Troyes.
Colson (Abbé).
Party (Mlle).
Thiébault (Abbé).
Valence.
Blanc (Abbé).
Chevalier (Mlle).
Claudon (Abbé).
Scolari (Abbé).
Vannes.
Daniel (Abbé).
Martin (R. P.).
Versailles.
Blanchon (Abbé).
Caron (Mlle).
Chambourcy (M. de).
Couriot (Abbé).
Demange (M.).
Firmin (Fr.).
Granget (Abbé).
Granget (Abbé).
Huguenot (Abbé).
Lallery (Mlle).
Léonce (Fr.).
Noirel (Mme).
Parray (Mlle).
Samuel (Fr.).
Thévenet (Abbé).
Viviers.
Duchamp (Abbé).

Giraud (M.).
Guironnet (M.).
Pichat (M.).
Saléon (Abbé de).

ALSACE-LORRAINE.
Metz.
Chapelier (Mlle).
Hamann (Abbé).
Hennequin (Abbé).
Strasbourg.
Deubel (Mlle).
Schreiber (Mlle).
Stirmann (Mlle).

ETRANGER.

Angleterre.
Boyd (M.).
Tromp (Mlle).
Belgique.
Badart (Mlle).
Cano (M. de).
Grégoire (M.).
Herm ins (M.).
Ryckevorsel (baron de).
Espagne.
Endres (Mme).
François-Xavier (R. P.).
Etats-Unis.
Brown (Abbé).
Haïti.
Boucherit (Abbé).
Hollande.
Enking (Abbé).
Holleman (M.).
Italie.
Etienne (R. P.).
Marie-Augustin (R. P.).
Norvège.
Riesterer (Abbé).
Portugal.
Da Costa (R. P.).
Suisse.
Aicoldi (Abbé).
Amido (M.).
Cosandey (M.).
Hèche (M.).
Hèche (Mme).
Page (M.).
Syrie.
Germer (R. P.).
Lefoux (Mlle).
Piellat (le comte de).
Tunisie.
Devoucoux (R. P.).
Turquie.
Alfred (R. P.).

CHAPITRE PREMIER.

C'était le 17 avril 1890.

Les quais du bassin de la Joliette présentaient, par une tiède après-midi, une animation insolite.

Les flâneurs marseillais qui s'imposent chaque jour une halte au café en renom de la Cannebière, et une promenade hygiénique à « l'anse du Pharo », se tenaient massés sur le terre-plein de la nouvelle cathédrale. De cet observatoire improvisé qui domine de neuf mètres l'asphalte des quais, leurs regards interrogateurs suivaient les allées et venues de groupes d'étrangers perdus, semblait-il, au milieu des 1700 ouvriers du port.

Ce n'était point le va-et-vient affairé de courtiers et d'armateurs, dirigeant fiévreusement la mise en cale ou le débarquement de mille produits d'exportation ; — ni la débandade bruyante d'une compagnie de nos braves soldats rapatriés après longue absence ; — ni, moins encore, une envahissante smala d'Anglais touristes, en quête d'un tour du monde en *soixante-douze* jours comme miss Nelly Bly.

Rien de tout cela.

Ces nouveaux venus, l'oreille déjà brisée du cric-

1

cric des cabestans et des interpellations des portefaix,
osent à peine se frayer chemin à travers les amon-
cellements de denrées, caisses, ballots de toute nature
qui gisent pêle-mêle sur le pavé, mais qui trouveront
place, ce soir, dans les immenses doks construits par
les Compagnies maritimes.

Chacun de ces groupes s'oriente ; il veut découvrir
au milieu de cent paquebots, à cette heure en rade,
le navire dont le nom à chaque pas est murmuré :
« Le *Poitou* ?... le *Poitou* ? »

Le lecteur l'a deviné. Ces hôtes jetés en pleine cité
phocéenne par les lignes de fer du Midi, ce sont les
pacifiques croisés de la pénitence. Prêtres, jeunes gens,
pères de famille, ouvriers. se constituant les mandataires de la France catholique, représentent ici toutes
les classes, tous les rangs, tous les âges ; d'héroïques
chrétiennes accompagnent leur père ou leur mari,
pendant qu'au foyer, momentanément délaissé,
d'autres âmes s'uniront dans la prière et le sacrifice.

La section du port où nos pèlerins vont à la recherche du « Poitou » offre à l'esprit un étrange con-
traste : — *En bas*, à leurs pieds, les flots bleus de la
Méditerranée..., des vaisseaux de tous pays et de tout
tonnage, depuis le steamer américain jusqu'à la gracieuse yole soulevée par le remous de la vague expi-
rante ; en bas, toujours, l'activité commerciale, le
monde des affaires, la lutte des intérêts, l'égoïsme :
— *En haut,* sur l'un des quais, l'imposante masse de
la basilique byzantine avec ses assises alternées de
stuc vert de Florence et de pierre blanche de Calis-

sanne, avec ses cinq dômes, ses larges nefs, ses capricieuses arabesques en mosaïque, et tout cela, pour être le riche pavillon du Tabernacle où daigne résider *Celui* qui demande aux pilotes de ces nombreux navires de porter aux extrêmes plages, en même temps que les produits de l'industrie humaine, un écho de la bonne nouvelle : l'ÉVANGILE.

Là-haut, encore, mais à l'autre rive et perdue dans la nue, Notre-Dame sur sa tour de granit planant comme une céleste apparition pour apaiser et les vagues du port et le flot des passions qui bouillonnent à ses pieds. Il fait bon savoir près de soi le bras de Dieu, le cœur de Marie, au milieu du tourbillon des affaires et de l'attrait du plaisir.

Déjà, plus d'une prière silencieuse est montée vers l'un et l'autre sanctuaire ; c'est le salut chrétien donné par des hôtes de passage à l'hospitalière cité.

Grâce aux indications d'un commissaire du port, le premier groupe découvre enfin le « Poitou ».

Il avait vraiment noble prestance au milieu de ses frères.

Est-ce illusion ? A peine entrevu, il nous semble devenir un être vivant, un ami qui nous tend les bras ; dans ses flancs et sous sa coque épaisse on croit sentir battre un cœur ; il nous attire, quand les autres nous laissent indifférents. Notre sort demain sera lié à sa destinée. Deux semaines et plus il sera à la fois notre patrie, notre cité, notre famille, notre église, et, à nous *Poitevins*, en nous rappelant toute

heure par son nom le sol natal et les amis que nous
avons quittés, il deviendra doublement cher. C'est
d'un bon augure pour le voyage.

Salut à toi, coursier des mers ! dans tes pérégrinations aventureuses à travers les Océans, tu n'auras
point tracé de plus glorieux sillage qu'aux jours où
te fut confié l'honneur de conduire aux rives de Terre-
Sainte la France pénitente : ce seront les pages illustres de ton histoire.

Trois groupes de pèlerins se rejoignent et montent à bord. Par une prise de possession anticipée,
ils ont l'espoir de plustôt s'acclimater sur ce sol mou-
vant, d'habituer leur odorat aux saines et fortifiantes
émanations du goudron, de visiter par le menu leur
nouveau domaine et de s'assurer enfin, pour les nuits
de la traversée, un grabat à portée d'une bouche de
ventilateur.

On échappe difficilement à une inconsciente émotion lorsque, pour la première fois, on met le pied
sur le pont d'un navire ; et il serait téméraire d'affirmer que tous les cœurs étaient calmes, tous les visages sereins.

Du moins, ne vit-on pas se renouveler la scène
dramatico-plaisante dont furent témoins, il y a huit
ans, nos frères aînés de la « Picardie ».

Une brave chrétienne des monts d'Auvergne, fami-
liarisée sans doute avec le seul ruisseau de son village
et le bateau en coquille de noix imprudemment confié par l'enfant à son cours capricieux, tombe bouche

béante et les mains jointes devant le colosse aux
flancs blindés et devant l'immensité des flots qui
vont se perdre à l'horizon :

« Seigneur Dieu, s'écrie-t-elle, tant d'eau que cela
dans la mer ! » et, de terreur, elle reprend le chemin
de ses montagnes, renonçant au pèlerinage.

Mare vidit et fugit, chantèrent aussitôt de gais
pèlerins, au cœur plus viril.

La visite domiciliaire accomplie, et les numéros
de lit arrêtés, nos voyageurs jettent un rapide coup
d'œil sur cette imposante baie de Marseille : 175 hectares sont consacrés aux différents ports ; les quais
des bassins se développent sur une longueur de
13 kilomètres et 14 phares éclairent au loin les passes
et entrées de la rade. C'est à coup sûr la première ville de France par son commerce maritime.

Au milieu de ces groupes d'étrangers qui seront
les passagers de demain, se détache un jeune homme,
adolescent encore, svelte, alerte, portant en bandou-
lière la jumelle de voyage dans son étui et, à la main,
une légère valise. Il est accompagné d'un prêtre à la
sollicitude duquel il semble avoir été confié.

C'est Ladislas le sourd-muet.

Nous l'avons déjà présenté une première fois à
d'autres lecteurs alors que tout enfant on l'appelait
dans l'intimité « Didi » (1).

_____

(1) *Promenade d'un touriste au pays de la Science*, page 43 :
« Ladislas est un jeune sourd-muet de quatorze ans, charmant
garçon, intelligent et enjoué, ayant égal regret du temps
perdu à la récréation et à l'étude...... »

Qu'on nous permette de consacrer quelques pages à l'ingénieuse méthode qui a transformé ce jeune sourd-muet en sourd-*parlant*, et l'on comprendra mieux comment cet adolescent a pu, sans invraisemblance, revendiquer sa part dans ces impressions et souvenirs de pèlerinage.

CHAPITRE II.

COMMENT DIDI LE SOURD-MUET EST DEVENU LADISLAS LE SOURD-*parlant*.

A l'extrémité méridionale de la ville de Poitiers, par-delà les verdoyantes avenues du vieux Blossac, le promeneur aperçoit au loin une imposante construction dominant de ses trois étages et de sa haute toiture les modestes édifices du faubourg de la Tranchée, les pittoresques coteaux de la *Boivre* et du *Clain*: c'est le Pensionnat des Sourds-Muets, institution régionale pour nos provinces de l'Ouest.

Cette œuvre intéressante par l'infirmité qui y reçoit asile et par le charitable zèle qui s'y dépense a trouvé, grâce à Dieu, le généreux appui d'une famille poitevine, ingénieuse à faire discrètement de sa fortune le bien des pauvres. Confiée depuis cinquante ans, déjà, aux fils du bienheureux Grignon de Montfort, les frères de Saint-Gabriel (1), cette même œuvre entre les mains expérimentées de tels maîtres s'est fait gloire, comme les institutions similaires de la Congrégation, de ne point se laisser devancer dans l'application des nouvelles méthodes d'enseigne-

(1) La Maison-Mère est à Saint-Laurent-sur-Sèvre (Vendée).

ment : *dactylologie*, langage *mimique* par gestes et
signes conventionnels, *phonodactylologie*, tout fut
étudié, expérimenté, perfectionné : le souvenir du
regretté frère Bernard (je tais par discrétion le nom
des survivants) est inoubliable parmi les anciens
élèves de Poitiers.

C'est à la porte de ce pensionnat que vint frapper
un jour le jeune Didi, demandant comme ses autres
compagnons d'infortune l'allègement de la triste infirmité qui laisse d'ordinaire le sourd-muet isolé,
morose, au milieu de la société, et même au foyer de
la famille.

C'était à l'époque où dans nos institutions françaises on substituait à la méthode *mimique* l'enseignement *oral* ; les signes cédaient la place au langage
articulé et à la parole *lue* sur les lèvres de l'interlo-
cuteur.

Tous les jeunes sourds-muets n'ont pas égale apti-
tude pour une articulation nette et franche des multiples éléments de la parole ; mais tous, par un en-
traînement gradué, se plient, se façonnent à saisir et
à comprendre sur les lèvres d'autrui les questions
posées, les ordres transmis, les explications données
par le professeur et par les étrangers avec lesquels ils
seront en rapport.

N'est-ce point là, déjà, un merveilleux résultat,
complété du reste pour le plus grand nombre par un
langage nettement articulé et couramment intelligible?

Ladislas était de ce nombre.

Il dut se soumettre, lui aussi, aux arides exercices

de la démutisation. Un miroir à la main, il concentrait toute son attention à donner à ses organes vocaux (lèvres, langue, dents et glotte) la même position qu'il observait sur les lèvres de son professeur, les modifiant au besoin du son à émettre, de la syllabe à prononcer.

C'est rude labeur pour le maitre et le disciple ! Mais aussi quel triomphe, lorsque les *éléments-voyelles* et les *éléments-consonnes* se succèdent rapidement, sans hésitation, lorsqu'ils s'entremèlent et deviennent parole vivante, mystérieuse enveloppe de la pensée qui est le mot de l'âme !

Sept années durant, Ladislas parcourut le cycle des exercices de *démutisation*, de *lecture*, d'*écriture*, de *grammaire*, d'*histoire*, etc., qui composent le programme du cours complet, et, accessoirement il y adjoignit le dessin, le modelage, et aussi, Dieu me le pardonne, car j'en fus la cause innocente...., la *micrographie*.

Voici dans quelle circonstance : — ce hors-d'œuvre révèlera plus intimement au lecteur le jeune héros du livre.

Curieux comme on l'est à cet âge, il me surprend un jour au moment où j'essayais sur les stries délicates d'une diatomée la puissance optique d'un microscope ; de ses lèvres formées par d'habiles maitres à l'articulation du langage oral j'entends aussitôt sortir l'inévitable question qu'il m'adresse cent fois le jour : « Pourquoi cela ? »

C'est sa manière, à lui, d'interroger et Dieu sait
s'il en use à la satisfaction de son entourage, heureux de voir dans cette jeune intelligence les idées
germer, se développer, s'associer entre elles, fruits
spontanés de la réflexion et du jugement.

« Pourquoi cela ? » répéta-t-il pendant que ses
yeux, avec plus d'insistance encore que ses lèvres,
précisaient l'interrogation.

Cette question si simple dans sa forme m'embar-
rassa. Je pouvais me contenter, à la rigueur, d'étaler
sur la platine de l'instrument la mince pellicule d'un
pétale de géranium, et, pour toute réponse, lui montrer sous un grossissement moyen les innombrables
cellules et les mille rubis du lambeau arraché à la
fleur de nos jardins. — C'eût été la démonstration
muette du philosophe à qui il suffisait de marcher
pour prouver et expliquer le *mouvement*. — Didi
aurait constaté le fait, admiré sans nul doute le spectacle en murmurant son exclamation favorite : « Dieu,
que c'est grand ! que c'est beau ! » Mais sa mémoire
n'eût gardé de cet incident qu'une trace bien fugi-
tive.

Mettant à profit l'occasion, pourquoi ne pas éveil-
ler en cet enfant le goût de ces études qui, sans labeur assidu et par la seule satisfaction de la curiosité,
révèlent à l'observateur l'existence d'un monde à
peine connu : le monde des invisibles ? Dans ce domaine des infiniment petits, sans limites presque à
l'égal de l'insondable horizon des espaces célestes,
chacun peut à loisir faire sa découverte, et, « nouveau

Christophe Colomb, doter la science de continents encore inexplorés.

Un troisième « Pourquoi cela ? » coupa court à mes réflexions. « Assieds-toi, dis-je à mon impatient questionneur, et regarde-moi. » Il approchait déjà son œil de l'oculaire avec la vivacité que met l'enfant à satisfaire un caprice : je l'arrêtai.

Désignant une à une les diverses pièces du microscope, *tube*, *objectif*, *oculaire*, *miroir*, *platine*, etc., je lui fis comprendre que la propriété de cet instrument était de grossir les objets de petite dimension et de nous révéler des détails que l'œil sans lui ne saurait percevoir.

Moitié convaincu, moitié sceptique, Didi prend en main l'un des objectifs étalés sur la table, et, voulant contrôler mon assertion, il regarde à travers la minuscule lentille. Désappointé, il croyait à une mystification ; il fallut donc entrer dans des explications techniques, bien abstraites pour un enfant.

Il ne soupçonnait pas évidemment la modification que fait subir une lentille à la direction des rayons lumineux, les dispersant ou les concentrant selon la courbure concave ou convexe du cristal ; un rayon de soleil survenu fort à propos rendit plus sensible la démonstration.

Notre futur micrographe remarqua, en effet, qu'une large loupe, à plat sur une feuille de journal, dessine un cercle éclairé d'un diamètre égal à la lentille, mais qu'en éloignant peu à peu l'instrument, cette surface éclairée se rétrécit jusqu'à se réduire à

un seul point lumineux, et bientôt... incandescent,
car, par une déviation des rayons solaires, la loupe a
concentré à ce foyer *lumière* et *chaleur*.

Didi comprit le jeu combiné des lentilles de la
partie optique du microscope: le miroir mobile sous
la platine a pour mission de placer en pleine lumière
l'objet *transparent* soumis à l'examen: plante, — in-
fusoire, — diatomée, etc. ; les trois lentilles associées
de l'objectif, exactement mises au point par la cré-
maillère ou une vis micrométrique, amplifient l'i-
mage de l'objet et la reportent en haut, à la distance
déterminée par la courbure du verre ; à ce même
point enfin, foyer commun de l'objectif et de l'oculaire, ce dernier, faisant office de loupe, reprend l'i-
mage, la grossit à son tour et la porte deux fois am-
plifiée jusqu'à l'œil de l'observateur.

La curiosité de l'enfant était vivement aiguillonnée
et, tout attentif qu'il semblait être à l'exposé de la
théorie, il n'en attendait pas moins avec impatience
la démonstration pratique.

« — Sais-tu, lui dis-je, qui inventa le microscope ?

« — Tubalcaïn », répondit-il après deux secondes
d'hésitation.

« — Tubalcaïn ? pourquoi lui plutôt que tout
autre ?

« — Pourquoi ? (montrant l'instrument) le microscope n'est-il pas en cuivre ?

« — Oui. — Le cuivre n'est-il pas un métal ? —
Oui. — Eh bien, ajouta mon jeune dialecticien, j'ai

lu dans l'histoire sainte que Tubalcaïn, fils de La-
mech, fut le premier homme qui travailla les métaux. »

Le raisonnement avait son côté spécieux ; à mon
grand regret je dus le désabuser et lui apprendre que
ce merveilleux instrument, *malgré sa monture métallique*, ne pouvait revendiquer une origine aussi...
patriarcale.

Ce fut avec un soupir de satisfaction qu'il me vit
choisir, au milieu de mes préparations microscopiques, une lamelle marquée en son milieu d'une petite tache ronde : c'était un fragment de la cornée de
l'œil d'une mouche, c'est-à-dire la pellicule exté-
rieure recouvrant la convexité du globe de l'œil de
l'insecte.

Le lecteur soupçonne-t-il ce que recèle cette membrane large comme une tête de grosse épingle ? —
La main du Créateur, avec une précision toute divine, a caché là, dans cet atome, plus de merveilles
que n'en ébauche l'homme de génie dans une de ces
monstrueuses machines quasi-intelligentes par lesquelles l'industrie qui veut produire *vite* remplace la
main de l'ouvrier.

L'œil des animaux vertébrés, comme celui de
l'homme, est, on le sait, un œil simple ; c'est-à-dire
qu'il possède une seule pupille (ouverture centrale
de l'iris par laquelle pénètrent les rayons lumineux),
et un seul cristallin pour réfracter ces mêmes rayons
lumineux et les faire converger en une seule image
au fond de la rétine. Mais l'œil des insectes multiplie
par mille et par dix mille cette combinaison déjà

mystérieuse de l'œil simple. La surface semble réti-
culée, et en réalité elle est formée d'un agrégat d'innombrables facettes : *chacune d'elles est un œil simple.*
Chaque facette de forme hexagonale, c'est une minuscule lentille biconvexe derrière laquelle le réseau
pigmenté qui relie tous ces *ocelli* forme un iris, une
pupille, un corps vitré et l'épanouissement du nerf
optique constituant la rétine ; et les micrographes
ont compté 4,000 de ces merveilleux organes sur l'œil
de la mouche commune, 17.000 sur l'œil de la pi-
éride ou papillon du chou, 24.000 sur l'œil de la li-
bellule ! ! ! Mon Dieu ! mon Dieu ! que vous êtes
grand, même dans ces imperceptibles détails des
créatures les plus infimes ! Toute œuvre de vos
mains dit votre puissance.

C'était le spectacle que je réservais à Didi.

Je suivais du regard la physionomie de mon jeune
élève : quelle allait être son impression ? L'incerti-
tude fut heureusement de courte durée. Un rayon-
nement transfigura le visage de l'enfant ; il avait
compris... et il admirait. Les explications préalables,
en dépit de leur sèche abstraction, avaient ouvert la
voie et préparé Ladislas à considérer, dans cette
membrane grossie à 100 diamètres, autre chose qu'un
réseau de dentelle, ou une pellicule ajourée comme
une écumoire. Pour lui, c'était le phénomène inex-
plicable de mille lentilles semées sur le globe hémis-
phérique de l'œil de l'insecte, et concourant, malgré
leur nombre illimité, à la formation d'une image
unique au fond de la rétine.

« — Pourquoi détruit-on les mouches ? » — Cette naïve question de Didi me surprit à peine, car, en termes équivalents, elle s'était souvent présentée à mon esprit.

La frêle tige de gazon qui fléchit sous une goutte de rosée déploie, elle aussi, mille richesses et merveilles ; — ses racines d'abord, avec leur instinct infaillible et leur force hydraulique (incomplètement expliquée par le phénomène de la capillarité) pour choisir et aspirer parmi les sucs de la terre celui qui convient à la plante ; — ses cornues et ses alambics pour transformer ce suc en une sève nutritive ; — son réseau de grande canalisation pour transmettre cette sève aux points les plus extrêmes, et la distribuer par des conduits secondaires, multipliés à l'infini, aux myriades de cellules dont se compose chacune des trois couches superposées, destinées à être à la fois le corps, le vêtement et la parure du brin d'herbe.

— Pourquoi le pied du passant l'écrase-t-il au bord du chemin ?...

Sous l'eau stagnante de nos fossés, le mic...aphe aime à suivre les ébats de la gracieuse *vorticelle* (est-ce animal ?... est-ce plante ?... peut-être l'un et l'autre à la fois). Son corps, grossi par le microscope à 250 diamètres, ressemble à la clochette de la campanule ; mais les franges de sa corolle vivante portent une couronne de cils vibratiles en continuelle agitation comme les ailes d'un moulin. Ce microzoaire à demi végétal, fixé à quelques débris du fond vaseux par un long fil tissé de la soie la plus impalpable, s'élance rapide comme une flèche à la rencontre de sa proie et revient au poste avec l'élasticité d'un ressort en spirale qui se replie sur lui-même après avoir été violemment tendu. Ce fil soyeux, insaisissable, appelé par les savants *pédoncule rétractile*, est en réalité un ressort dont les spires se resserrent ou s'allongent au gré de l'animal. Encore une merveille !

— Pourquoi le caillou lancé par le caprice d'un enfant, au cours... de son école buissonnière, vient-il troubler cette chasse sous-marine, et inconsciemment briser ces organes pour l'agencement et la réparation desquels l'homme n'a point encore forgé d'outils?...

Tu me demandes, cher Didi, pourquoi l'homme détruit la mouche ? pourquoi l'écolier paresseux la guillotine ou l'empale ? pourquoi la maîtresse de maison l'éloigne du boudoir, la cuisinière du fourneau, sans avoir égard à la délicate structure de cet œil que tu admirais tout à l'heure ? Pour leur justification, ils disent, ces bourreaux, que la mouche est insecte importun et souvent indiscret ; que sans façon elle commet le crime de troubler notre sommeil, d'écrémer un plat de prédilection, de traiter avec peu de respect la gaze de nos rideaux, la dorure de nos cadres, le cristal de nos glaces. Pauvre mouche !

Il serait plus vrai de dire : l'homme détruit, écrase, mutile parce qu'il oublie ou parce qu'il ignore......

C'est dans un faible objet, imperceptible ouvrage,
Que l'art de l'ouvrier éclate davantage.

Là, se serait terminée notre première leçon s'il n'eût
fallu céder aux câlines instances de Didi, qui soupçonnait les mêmes richesses sur chacune des lamelles
étagées dans leur cartonnier. Ce fut avec ravissement
qu'il vit passer tour à tour sur la platine du microscope : — une algue vulgaire, la *spirogyra inflata*
avec sa longue chevelure de filaments dans lesquels
le protoplasma verdâtre dessine les formes géomé-
triques du rectangle, de la spirale ou les capricieuses
arabesques d'une écriture chinoise ; — une *navicule*
que l'on voit traverser le champ de l'objectif avec les
allures d'une nacelle automatique ; — le *volvox
globator* qui, par son double mouvement de rotation
et de translation, rappelle à s'y méprendre la marche
d'une planète dans l'espace ; — le *closterium lunula*
d'un ravissant vert émeraude, présentant le phénomène de la circulation visible de la sève dans une
plante unicellulaire ; — l'épiderme d'un pétale de géranium avec ses milliers de cellules grenat traversées
chacune par des canaux qui ont pour fonction d'apporter les éléments nécessaires à son développement ; — une coupe de la peau de la main montrant
considérablement grossis les corpuscules du tact,
les papilles du derme, les glandes sudoripares, les
follicules pileux.

Insatiable dans sa curiosité, Didi voulut, au fond
d'une goutte d'eau empruntée à l'aquarium, sur-
prendre les étranges formes des infusoires : — le
rotifère avec ses deux antennes terminées par une
roue mobile ; — les *amibes* ou *protées* avec leurs dé_

1*

formations capricieuses ; — le pesant *tardigrade*, microscopique cochon d'Inde, jouissant du singulier privilège de se ranimer et de revivre après la dessiccation la plus complète ; et au milieu de tout cela, la vie sous toutes les formes, une miniature de cité ouvrière au plus fort du travail : des continents, des mers, des îles, des détroits, des prairies, des montagnes, tout est là dans cet univers qui compte... deux millimètres carrés.

Je réservais pour bouquet de cette longue séance une collection de *diatomées*. Les interrogations, je le savais, allaient se succéder ; car ces plantes ou plutôt les deux valves enveloppant le frustule de ces algues microscopiques sont au premier rang des merveilles qui foisonnent dans les infiniment petits.

Ladislas, dont la main fourrageait au milieu des préparations, enlève du casier une lamelle transparente, regarde attentivement, et, à l'œil nu, ne distingue aucune trace.

« — Je ne vois rien », dit-il ; et repoussant dédaigneusement le verre, il se disposait à en choisir un autre.

« — Regarde mieux, ou prends tes lunettes ».

« — Ah ! j'aperçois. » — « Que vois-tu ? » — « Une piqûre d'aiguille ; qu'est-ce que cela ? ».

« — C'est une diatomée, une écaille. »

Il ignorait, le pauvre enfant, qu'aux derniers confins du groupe des algues, il existe des plantes aquatiques formées d'une seule cellule (frustule), laquelle naît, vit et se développe entre deux écailles ou valves

comme les mollusques. Mais l'écaille de ces diatomées, au lieu d'avoir les dimensions d'une moule,
d'une coquille d'huître ou d'un moyen coquillage,
mesure en diamètre, selon l'espèce, depuis $\frac{1}{15}$ jusqu'à
$\frac{1}{100}$ de millimètre. Or, sur ce point que couvrirait
une piqûre d'aiguille, sur cette écaille siliceuse, ri-
gide, résistant aux acides les plus corrosifs, la main
du Créateur s'est plu à buriner les plus admirables
dessins, à tracer des rosaces aux lignes les plus har-
monieuses, aux mesures les plus précises.

Didi venait justement de mettre la main sur le
joyau de ma collection : l'*heliopelta Metii*.

Que le lecteur, aidé de son imagination, veuille
bien se représenter un disque complet divisé en douze
secteurs rayonnant du centre à la périphérie, ou plus
simplement encore une étoile régulière à douze
branches ; deux bandes ou rubans concentriques
forment bordure ponctuée et finement guillochée ;
la surface de chaque branche de l'étoile est un réseau
de mailles hexagonales semblables aux *ocelli* de la
cornée de l'œil de la mouche précédemment décrits.
Or, n'oublions pas que ces mille et mille détails d'une
inconcevable harmonie et régularité trouvent place
dans un point restreint autant que peut l'être l'extrémité d'une fine aiguille.

Mais ce n'est encore là qu'une moitié de la merveille. Par une abstraction de votre esprit, ami lecteur,
formez sur cette surface des ondulations espacées de
telle sorte que chaque vague montante embrasse
exactement les secteurs alternés de deux en deux, et

chaque vague descendante les six autres branches
intermédiaires. Qu'arriverait-il ? Les six secteurs
alternés de la première série seraient sur un plan
plus élevé, et les six autres rayons de l'étoile sur un
plan inférieur ; cette différence de niveau empêche-
rait donc les deux couches ou plans de venir en même
temps au foyer de l'objectif, et l'on aurait le bizarre
spectacle d'une croix d'honneur à six branches très
nettement éclairées, avec les intervalles assombris et
flous.

Or, ce que l'abstraction de l'esprit a peine à se représenter,—cette hypothèse d'ondulations, de vagues
sur un point sans surface appréciable, — le Créateur
en se jouant l'a réalisé dans les mille milliards d'*he-
liopeltas* que le micrographe découvre *vivants* au milieu des herbes marines ou à l'état *fossile* dans le
guano recueilli aux rivages péruviens.

— « Dieu ! que c'est beau !!! »

Le jeune sourd-muet, tout hors de lui, ne put que
murmurer cette seule exclamation qui, sur ses lèvres
encore inhabiles aux longs discours, cessait d'être
banale.

Cette fois, c'était bien fini.

Congédiant le petit curieux qui s'éloignait rêveur,
je lui promis une seconde séance, d'un intérêt au
moins égal à la première, lorsqu'il m'apporterait la
croix de composition.

Tel était Ladislas encore écolier.

Mais depuis il a grandi. Sans dépouiller complè-

tement l'ingénuité naïve qui est la caractéristique du
sourd-muet et dont il reste toujours trace, malgré
l'éducation et l'expérience de la vie, son jugement a
mûri, sa curiosité raisonne. Ce pèlerinage auquel il
s'est chrétiennement préparé consolidera, s'il plaît à
Dieu, une piété déjà sérieuse et ouvrira des horizons
nouveaux à une intelligence avide de connaître.

Ses impressions personnelles et les nôtres, le lecteur les retrouvera dans les pages qui vont suivre.

Ladislas arrivé le matin même à Marseille (17 avril)
avait quitté Poitiers depuis trois jours, après la tou-
chante cérémonie des adieux.

CHAPITRE III.

TROIS JOURS EN ARRIÈRE. — LES ADIEUX.

De joyeuses acclamations et une affectueuse acco-
lade furent le grand *merci!* de Ladislas lorsqu'il ap-
prit que de la part de la famille et du côté de l'administration tout obstacle était levé et qu'il serait
mon compagnon de route.

Nos bons amis de Poitiers s'associaient à notre joie;
avec un désintéressement qui les honore, ils aidaient
aux préparatifs du départ, comme s'ils avaient dû se
joindre eux-mêmes au groupe des pèlerins.

On nous traita en mandataires, députés par la famille aux Lieux-Saints. Un vénérable ecclésiastique,
vieil ami de la maison, empruntant à la liturgie les
paroles consacrées par l'Eglise, prononça sur les pèlerins agenouillés à ses pieds la solennelle bénédiction qui devait protéger les voyageurs... *ut incolu-
mes ad propria revertantur.* En de telles circonstances, et à la veille d'une aussi lointaine et peut-être
périlleuse pérégrination, les paroles liturgiques
avaient une étrange éloquence.

Avec une délicatesse qui nous toucha le cœur, autour de nous on avait organisé de fraternelles agapes
et une gracieuse mise en scène, toute d'à-propos.

Ladislas fut armé, non, *chevalier*, mais *pèle-rin* du Saint-Sépulcre, et des couplets tour à tour plaisants et sérieux accompagnaient la remise de chacun des insignes, aux applaudissements de tous nos chers petits sourds-muets acteurs dans la fête.

Puisque ce chant du départ est inscrit à la première page du carnet de Ladislas; le chroniqueur a le devoir de le reproduire ici, malgré son hésitation à trahir des secrets de famille:

CHŒUR :

Que l'écho redise
Du cœur les refrains :
« Qu'un ange conduise
« Nos deux pèlerins. »

Afin d'adoucir les larmes
Que font couler les adieux,
Nous ouvrons la « veille d'armes »
Des chevaliers nos aïeux.

Prêtons l'oreille... est-ce un rêve ?
Quel souffle passe : On s'émeut ;
La noble France se lève,
Partout le cri : « Dieu le veut ! »

Quand ce vaillant cri de guerre
A Saint-Jacque (1) eut retenti,
L'un arbora la bannière
Et le second a suivi.

Allons, frères, l'heure presse,
Voyez ces signaux lointains ;
Faisons trève à la tristesse
Armons nos deux paladins.

(1 Saint-Jacques de la Tranchée.

Point ne faut mine pauvresse
Pour quitter le vieux Poitou,
Procureur, videz la caisse,
Donnez jusqu'au dernier sou.

Dominique (1), votre adresse
Déjà nous la connaissons ;
Tournez en toute vitesse
Aux pèlerins deux *bourdons*.

Vous tiendrez la *gourde* pleine,
Soyez généreux, Protais (2),
Surtout, peu d'eau de fontaine :
En route on n'en boit jamais.

Hélas ! roulis et tangage
Mettront le cœur au plus mal,
Fulbert (3), pour ce long voyage
Préparez un *cordial*.

Là-bas, une race avide
Se plaît à sucer le sang,
Une poudre insecticide !
François (4), pour les lits de camp.

Montrez, Gustave (5), au bon Père
Comment d'un bond l'on franchit
La bosse d'un dromadaire
Et comment on s'y blottit.

Perchés sur cette monture
Il leur faudra, Raphaël (6),
Chapeau large et sa *voilure*,
Contre les ardeurs du ciel.

De compléter le costume
Yves (7) s'est donné le soin ;

(1) Chef de l'atelier des tourneurs et des menuisiers.
(2) Sommelier.
(3) Infirmier.
(4) Jardinier chargé de la serre.
(5) Chef de camp pour les jeux.
(6) Directeur de l'atelier de typographie.
(7) Chargé de la lingerie.

En Orient la coutume
Veut qu'on soit parfait bédouin.

Et vous autres (1), gentils Pages,
Trop jeunes, vous ne pourriez
Sur d'aussi lointains rivages
Escorter vos chevaliers ;

Riches de beaucoup de zèle,
A défaut d'écus, vous tous
Placez en leur escarcelle
La fleur du « Souvenez-vous ».

Ils comprendront son langage ;
Elle dit : « Pensez à nous,
« Car pour ce pèlerinage
« Nous prierons à deux genoux ;

« Nous prierons pour que la France
« Abimée en ses douleurs
« Garde encore l'espérance
« D'entrevoir des jours meilleurs ;

« Nous prierons pour que la grâce,
« Apportée à pleines mains,
« Soit féconde et qu'elle fasse
« De nous tous autant de Saints. »

C'était le dernier chant. On consacra la fin de la
soirée aux chaleureuses étreintes, aux adieux répétés,
aux promesses réciproques de prières, aux recom-
mandations intimes.

Le lendemain, dès 3 heures, je célébrai la messe
du départ à laquelle assistaient Ladislas et notre cher
Directeur assez aimable pour nous faire..., comme
entre amis..., un *bout de conduite* jusqu'à Bordeaux.

(1) Jeunes élèves de l'Institution.

2

Pourquoi pas, hélas ! jusqu'au « Poitou » inclusivement ?

Un ciel brumeux, des nuées maussades laissant filtrer par instants une pluie fine et pénétrante ne s'harmonisaient que trop avec les sentiments de tristesse que nul de nous ne cherchait à dissimuler. Si la Terre-Sainte avait des attraits puissants, nous ne quittions point sans regret — et pour combien de temps ? c'était le secret de Dieu — les amis et le foyer qui résumaient les deux idées parlant si haut au cœur de l'homme, *famille* et *patrie* ; nous allions entreprendre notre « tour du monde » devant fouler en moins de sept semaines le sol de l'Europe, de l'Afrique et de l'Asie, et l'imprévu pouvait devenir l'un des facteurs de ce problème complexe. — A la grâce de Dieu !

Une courte prière à notre ange gardien écarte ces pensées attristantes et rassérène nos fronts. Ladislas qui prend au sérieux son rôle de pèlerin-touriste ouvre un carnet et commence déjà son journal ; un coup d'œil indiscret sur la première ligne écrite vaille que vaille aux soubresauts du vagon amène sur mes lèvres un sourire, et du même coup arrête la main du sténographe : le pauvre enfant consignait le nom des trois premières stations. Il comprit à mon rire moqueur qu'il aurait plutôt fait de déchirer la feuille de son indicateur et de la coller en première page de ses mémoires.

Une halte de quelques heures à Bordeaux nous donna le loisir de visiter la fort intéressante école de Sourds-Muets et d'Aveugles fondée par M. l'abbé

Gaussens, et de trouver un accueil des plus sympathiques au milieu des Frères de Saint-Gabriel qui consacrent à ces deux œuvres — péché d'habitude — zèle, dévouement et grande expérience.

Nous entrons à l'improviste, n'ayant pas voulu nous faire annoncer, dans la classe des jeunes aveugles que j'avais visitée trois ans auparavant ; la mémoire de ces chers enfants est si tenace, et Dieu le permet pour remplacer par le souvenir la vue absente, que mon salut : « Bonjour, mes petits amis » eut pour réplique instantanée : « Bonjour, monsieur l'aumônier de Poitiers. » La connaissance fut tôt renouvelée.

Pour la première fois Ladislas assistait à une leçon de lecture où les doigts deviennent clairvoyants à l'égal des prunelles les plus limpides, et ce spectacle nouveau lui inspira l'idée de copier, sur cette malheureuse page illustrée déjà du nom des trois stations *Saint-Benoît*, *Ligugé*, *Vivône*, l'alphabet des aveugles formé de points conventionnels se détachant en saillie au verso du papier.

Cette satisfaction était bien légitime à titre de dédommagement, car sa propre infirmité le privait du délicat régal artistique que le cher frère E.... sut nous ménager : une voix de soprano vibrante et bien timbrée chanta avec une expression et une méthode qui nous surprirent chez un enfant de cet âge un cantique inédit de Gounod à l'Eucharistie.

Merci de nouveau au cher petit Maurice et à son habile accompagnateur.

Les heures passaient vite dans cette oasis du boule-
vard Caudéran, et il n'était que temps de nous joindre
au groupe de pèlerins que la vapeur allait entraîner
avec nous, à toute vitesse, au port d'embarquement de
la vieille cité phocéenne.

Nos compagnons de voyage se retrouveront sur le
pont du « Poitou ».

CHAPITRE IV.

L'ANCRE EST LEVÉE. *All' rigth.*

Fermons cette longue parenthèse qui nous exposerait aux foudres de l'honorable député Guilloutet, en ouvrant un jour indiscret dans « le mur de la vie privée. » Ladislas ne nous gardera-t-il pas rancune d'avoir révélé au lecteur certains traits d'un caractère encore enfantin... parfois naïf ?

A ce moment de notre récit nous sommes au matin de la journée du 18 avril ; dans quelques heures le « Poitou », détachant ses amarres, prendra la mer. Une légère yole nous transportait, d'une rive à l'autre de la baie, jusqu'au pied du sanctuaire de Notre-Dame de la Garde, lorsqu'à mi-chemin devant nous un long fuseau sombre coupe notre route, et glisse à fleur d'eau avec la rapidité de la flèche, en obéissant docilement à une force invisible et à des organes savamment dissimulés : c'est un torpilleur, l'arme de combat de l'avenir. Dans sa course folle, ce redoutable engin déplace une masse énorme d'eau, et le remous du sillage soulève et fait tournoyer notre fragile esquif.

Je regarde Ladislas ; son teint a blêmi. Est-ce un avant-goût du mal de mer?... La barque heureusement accostait et mettait fin à toute appréhension

Avant d'atteindre le parvis de la basilique, nous voulons saluer en passant le souvenir d'un homme de bien, d'un vénérable prêtre, M. l'abbé Dassy, qui a bâti sur le penchant de la colline, en 1860, une maison hospitalière abritant actuellement sous un même toit quatre quartiers d'intéressants infirmes. Les sourds-muets et les aveugles, garçons et filles, trouvent, dans les Sœurs de Marie Immaculée, de secondes mères et des institutrices bien dévouées; c'est là que se perpétue et se développe le bien commencé en 1819 sur un autre théâtre par M. Bernard et que M. Guès, en 1866, remit aux mains de cet homme apostolique, déjà sexagénaire. Vingt ans encore, il devait être un hardi pionnier dans le champ du Seigneur, en se consacrant aux infortunes chères au cœur de l'abbé de l'Epée et de Valentin Haüy.

Après un échange de vues sur les diverses méthodes d'enseignement des sourds-muets, nous quittons la Révérende Mère Supérieure, charmés de son bienveillant accueil : des amis poitevins nous attendent au seuil de la crypte de Notre-Dame. La Messe du départ est célébrée par Sa Grandeur Monseigneur l'Evêque de Marseille, qui veut bien, par une délicate attention pour le pèlerinage, se servir, comme matière du Sacrifice, d'un vin de Béthléem que lui avaient offert les pèlerins de 1888. Il préside à la distribution des croix qui doivent orner la poitrine des Croisés de la pénitence. Chacun jure en son cœur obéissance aux chefs du pèlerinage, acceptation généreuse des privations, des sacrifices de toute nature, de la mort même si Dieu la réclame, et cela pour notre France et pour la sainte Église.

Nous jetons une dernière prière aux pieds de la « Bonne Dame », lui recommandant ceux que nous laissons sur cette terre française, puis un rapide regard aux mille ex-voto qui tapissent les murs, et, sortant de la basilique encore émus de la cérémonie des adieux, nous embrassons d'un coup d'œil le splendide panorama éclairé par les rayons allongés du soleil levant : Marseille est à nos pieds, toute frémissante de sa vie commerciale, de son activité fébrile, et, là-bas, le long du quai des Anglais, « le Poitou » laisse se dérouler au souffle de la brise son noir panache de fumée.

A notre retour de Jérusalem, aurons-nous le loisir d'aller retrouver les traces de la pénitente Marie-Madeleine à Sainte-Baume ? Non, peut-être. Aussi hâtons-nous de les saluer à la crypte Saint-Victor, antérieurement consacrée au premier évêque de Marseille, saint Lazare. La grotte que nous avons la bonne fortune de visiter en détail est, sans conteste, le plus ancien monument chrétien des Gaules. Sainte Madeleine, Marthe et leur frère Lazare, le ressuscité de Béthanie, ont prié là ; comme dans les galeries des catacombes romaines, l'archéologue y retrouve le siège épiscopal creusé à la paroi du rocher, la croix reproduite deux fois sur la voûte avec l'A et l'Ω alternés, et aussi plusieurs tombeaux chrétiens. En 303 la crypte, déjà célèbre comme basi-

lique souterraine et lieu de réunion des premiers
fidèles, reçut les précieuses reliques de saint Victor,
le vaillant soldat que dans sa rage aveugle Maximien,
de retour à Marseille, associa par le martyre au glorieux triomphe de la légion thébaine d'Agaune.

Sur ces souvenirs de Lazare, Marthe et Marie, sur
les restes sanglants de Victor, Cassien, disciple et
diacre de saint Jean Chrysostome, éleva, au commencement du v⁰ siècle, une abbaye plusieurs fois
détruite et restaurée. Une vieille tour crénelée du
xii⁰ siècle indique de loin au visiteur le berceau de
la foi chrétienne en Provence.

Ladislas en crayonne la silhouette sur son album.
Le début du dessinateur est plus heureux que son
premier essai de *reporter*.

Traversant la ville, nous complétons notre attirail
de voyageur : parasol, couvre-nuqu flacon d'alcali,
bismuth et doses de quinine ; nous ajoutons quelques cordiaux et... un décamètre en ruban, que j'espère utiliser dans les couloirs de la grande pyramide.

Dix heures sonnaient lorsque nous montions à bord.
Il était temps. Monseigneur Robert commençait les
solennels exorcismes du navire, la bénédiction de
la chapelle ainsi que des deux croix monumentales
dressées, comme un nouveau *labarum*, à l'arrière et à
l'avant du « Poitou ».

Au signal du commandant, l'équipage détache le
pont volant qui reliait au quai notre prison flottante.
Une dernière fois les mains se tendent vers la foule
d'amis qui, tout émus, nous redisent leurs souhaits

d'heureuse traversée; le mécanicien fait mugir la
stridente sirène qui n'a rien de commun avec l'en-
chanteresse des compagnons d'Ulysse ; l'eau bouil-
lonne à l'arrière, et la lourde masse du paquebot
commence, sous l'action du gouvernail, son mouvement tournant pour sortir du port.

All' right. Nous sommes partis... trop tôt, hélas !
pour deux jeunes Anglaises imprudentes, qui avaient
quitté le navire une heure auparavant, à la recherche
d'un parasol oriental, et qui eurent, à leur retour,
l'amère déception d'entrevoir au loin le « Poitou »
fuyant à toute vapeur et emportant les bagages des
retardataires.

Les deux ladies,

> *Jurant, mais un peu tard.....,*

nous rejoindront en Égypte par un paquebot des
Messageries.

Pour faciliter la manœuvre de la mise en course et
laisser le pont libre aux gens de l'équipage, le commandant fait sonner le déjeuner. Les tables sont ser-
vies ; mais les affamés seuls descendent. Les autres
font la sourde oreille, se réservant pour le second service. Ils veulent, pendant qu'il en est temps encore,
acclamer de leurs chants la statue de Notre-Dame,
reconnaître les côtes de Provence, fouiller de leur
umelle les baies qui se succèdent, les villes et bourgades dont est semée la rive : c'est l'île de Riou, le cap
de l'Aigle, les chantiers maritimes de la Ciotat d'où
est sorti, il y a deux ans à peine, le magnifique

paquebot « Portugal » que j'avais fait visiter à Ladislas au quai de Bordeaux ; c'est Toulon, qui se
cache derrière la baie contournée, mais pas assez
cependant pour soustraire à nos regards inquisiteurs
les mâts vénitiens, les banderolles qui attendent le
président Carnot en visite de littoral ; plus loin,
Porquerolles, de cynique mémoire, le groupe des
îles d'Hyères, et encore Antibes, Nice et tous ces
paradis terrestres se mirant dans les flots bleus.

All right. Tout va bien... A la garde de Dieu !

CHAPITRE V.

Prenant possession de notre cabine, la veille, nous avions en toute hâte jeté sur les lits sacs, valises et pliants, désireux de consacrer intégralement à la visite de Marseille les heures libres avant le départ. Maintenant le navire vogue à toute vapeur vers l'Égypte ; les rives ne sont plus qu'une légère estompe noyée dans la brume ; descendons à l'entrepont, occupons-nous de notre ménage, disposons les couchettes pour la première nuit de la traversée.

Ladislas m'avait devancé : je le retrouve, son carnet à la main, mesurant de son décamètre avec le sérieux d'un entrepreneur les trois dimensions de notre réduit : longueur, largeur et hauteur, éléments constitutifs du cube, et il me montrait, d'un air dépité, les chiffres alignés sur la page de l'agenda : 4 mètres ; 2 mètres ; 2ᵐ 10 ; 60 centimètres ; 55 centimètres, etc.

— Que sont ces 4 mètres ? lui demandai-je.

— La longueur de la cabine.

— C'est suffisant pour deux lits bout à bout. Bien ; et les 2 mètres ?

— La largeur de notre chambre.

— C'est un peu juste pour deux largeurs de lit e_t un couloir de séparation. Et 2^m 10 ?

— La hauteur jusqu'au plafond.

— Et les 0,60 centimètres ?

— La largeur de mon lit.

— Et aussi du mien, pensai-je en moi-même ; sur ces couches il ne faut point de cauchemar.

— Que représentent les 55 centimètres ?

— La séparation des deux lits en hauteur (1).

Et le pauvre jeune homme prenant la mesure de son buste me démontrait, décamètre en main, que 80 centimètres seraient à l'étroit dans 55, et qu'il lui serait interdit en conséquence, à lui Ladislas, sous peine de décapitation, de se tenir sur son séant pendant le temps très court du lever et du coucher.

La conclusion était rigoureuse : aussi, du lit on fit un divan.

De plus, dans cet espace restreint destiné à six couchettes, nous dûmes, par un effort d'ingéniosité et d'ordonnance, installer les valises de chaque pèlerin, les lavabos, etc. Le mal de mer n'avait point été prévu en cet arrangement.

Mais, alors, demandera le lecteur, si.... ?

_____

(1) Le problème de 6 lits dans les appartements de 4 $\times$ 2 mètres ne pouvait avoir sa solution que par des couchettes superposées deux à deux ; et en rognant *quelque peu* sur leur longueur et sur leur largeur, *considérablement* sur la hauteur des ciels de lit, l'administration, malgré toute la bonne volonté, installait chaque pèlerin sur son grabat comme une momie dans son cercueil.

— Eh bien ! si cet imprévu arrive, on s'en tire comme on peut.

C'est avec un grand éclat de rire que mes compagnons et moi procédons à notre installation sommaire, préludant à la gymnastique obligatoire dans la circonstance ; car le pèlerin auquel échoit un lit de premier étage doit, à la force du poignet, se soulever jusqu'à une hauteur de 1m 50. Mais qu'il mesure bien son élan, le malheureux ! un bond trop agile lui fait heurter de la tête les boulons de fer et les traverses qui consolident le plafond de sa cellule.

On m'avait octroyé un lit de rez-de-chaussée ; c'était un avantage relatif qui supprimait la gymnastique, et j'avais pour *supérieur* notre jeune sourd-muet. Dès la première nuit survient une aventure. Chacun de nous était installé sur sa couche lorsque se présente dans notre cabine un Révérend Père Capucin (des plus barbus), victime déjà d'un violent mal de mer et qui avait son installation désignée au 1er étage. Après maints efforts pour hisser à domicile sa personne, le pauvre ! il y renonce, désespéré. Un mouvement de charité compatissante me porte à lui céder mon lit. Que le lecteur ne crie pas à l'héroïsme ! L'ascension n'était qu'un jeu pour moi ; et, parce qu'un bienfait n'est jamais perdu, si petit soit-il, la Providence me ménagea en ce nouveau poste, juste à hauteur de visage, un bienfaisant hublot ; de sorte que perché là-haut, je humais avec délices les brises de mer, et je contemplais, comme à travers

la lentille d'une lunette astronomique, les constella-
tions australes glissant devant moi.

En dépit de ces mésaventures bientôt oubliées, chacun prend gaiement son parti de la situation, et, le
lendemain, les divers groupes se racontaient les
entr'actes nocturnes.

Sur le *Poitou* les nuits sont courtes. N'en accu-
sons point le soleil qui paraît là-bas comme ici à l'heure
réglementaire ; mais on se lève tôt parce que, pour
diverses causes devinées par le lecteur... l'on dort
peu ; dès 4 h. 1⁄2 nous étions debout. Pendant que
les exercices religieux retiennent les prêtres à la chapelle, Ladislas, l'inévitable décamètre à la main,
arpente le pont ; il mesure, il compare, il griffonne
le résultat de ses observations, puis, tout fier de l'emploi de son temps, il vient m'apprendre que le « Poitou » est un paquebot de 97 mètres.

— « C'est, lui dis-je, la longueur de notre cathédrale, à Poitiers.

— Le navire, ajoute-t-il, est large de 11 mètres et
profond de 14.

C'est, on le voit, un bateau respectable, digne
par ses proportions de la noble cause qu'il sert ; la
force motrice seule semble insuffisante. Six cents
chevaux-vapeur, au lieu des 300 qui fonctionnent,
maintiendraient, même par les gros temps, une vitesse normale de 12 nœuds à l'heure, et permettraient
de plus, sans danger d'incendie, d'offrir aux passagers un éclairage électrique de nuit dans les cabines
condamnées à l'obscurité.

Lorsque nous aurons dit à nos amis que ce navire âgé de 23 ans touche à la fin de sa carrière ; qu'il sort des ateliers écossais de Glascow , qu'il porte en charge moyenne 3.000 tonnes et qu'il est commandé par des officiers d'élite, ils connaitront comme nous l'état-civil du « Poitou ».

Ladislas, toujours curieux, monta plus d'une fois sur la dunette, consultant la rose des vents et la boussole, assistant le timonier dans la manœuvre de la roue du gouvernail et cherchant à comprendre l'emploi du sextant, à l'heure où le commandant « faisait le point ».

A l'observatoire de l'Institution de Poitiers, il avait vu souvent obtenir, par les cercles de l'Équatorial, la déclinaison du soleil et sa hauteur sur l'horizon ; mais il ne supposait pas que de la connaissance de ces mesures on pût arriver à la détermination très exacte de la longitude et de la latitude géographiques d'un lieu, grâce à la montre marine (ou chronomètre) qui conserve invariablement l'heure de Paris, et grâce aussi à l'angle formé par deux lignes se dirigeant de l'œil de l'observateur, l'une à l'horizon, l'autre au soleil ; c'est le *sextant* qui mesure par un cercle gradué l'ouverture de cet angle.

Autre surprise encore : le troisième jour de notre traversée, Ladislas, à son lever, laissait sa montre pendue à la tringle du lit : croyant à un oubli. je la détachai pour la lui remettre.

— C'est inutile, elle est dérangée. je vous remercie.

J'entendais cependant le tic-tac du balancier ; elle marchait donc.

— Depuis Marseille, me répondit-il, elle ne marque plus l'heure ; elle est considérablement en retard chaque jour.

Il fallut donner la clef du mystère et lui expliquer que notre route nous conduisant d'Occident en Orient, dans le sens même de la rotation diurne de la terre, les divers méridiens que nous traversions chaque jour dans notre déplacement en longitude *Est* nous faisait retrouver le soleil, à midi, bien plus tôt qu'au méridien de Paris. Le jeune pèlerin ne soupçonnait pas que sa montre, non réglée chaque jour sur la pendule du bord, serait en retard de 2 heures 12 minutes à Jérusalem, puisque la longitude orientale de cette ville est d'environ 33° et que chaque degré donne une avance de 4 minutes de temps.

Cette explication le réconcilia avec sa montre innocente de la méprise.

Furetant dans tous coins et recoins, il sut découvrir l'étable où bœufs, veaux et volailles, caquetant et beuglant, attendaient en patience la visite des cuisiniers ; le four où le mitron, pâtissier à ses heures, étalait sa pâte et ses brioches ; voire même un vieux garde-manger qui, pour la circonstance, changeait de destination et devenait, si nous en croyons l'enseigne, la boîte « des objets perdus ». Une mésaventure personnelle (Dieu veuille l'épargner aux futurs pèlerins) me démontra que l'expression était impropre : mon porte-monnaie, tombé à Caïffa en mains mécréantes, et bien *perdu* pour moi, n'eut jamais l'heur, hélas ! d'une exposition derrière le grillage des objets perdus. Je propose donc un amendement à l'enseigne ; s'il est voté on lira : « boîte des objets *trouvés*. »

Le lecteur nous autorise-t-il à détacher du carnet de Ladislas trois ou quatre notes d'un caractère plus intime ? Nul ne s'en offensera :

« Le commandant Iperti, Corse de naissance je « crois, est un fier marin, vrai loup de mer, ne riant « pas une fois chaque quart d'heure ; mais à toute « occasion désireux d'être agréable aux passagers. Il « me semble homme de sévère discipline : la sécu- « rité du navire l'exige.

« Le capitaine en second, M. Razouls, taille d'her- « cule, est l'homme serviable entre tous ; et, m'a dit « M. l'abbé, il a pour devise : « Demandez ; si la chose « est possible, elle est faite ; si elle est impossible, je « la ferai. »

« Avec de tels officiers, un équipage modèle ; tous « sont honnêtes et prévenants. Six matelots accep- « tent volontiers d'être catéchisés, et se préparent, « pour le retour, à la Première Communion.

« Nos compagnons de voyage ont une grande « bienveillance pour moi ; on me traite en enfant « gâté. Sans mon infirmité j'aurais sollicité de M. de « B....., moi aussi, une casquette de vaguemestre « pour la distribution à Jérusalem du courrier heb- « domadaire. Quelle joie ce serait d'annoncer une « bonne nouvelle : Révérend Père V......, une lettre

2*

« de Poitiers ! Mesdames R....., une lettre d'Avi-
« gnon ! etc.

« Les dames sont nombreuses au pèlerinage : 90
« et plus; on les voit à toute heure faire garde d'hon-
« neur au pied du Tabernacle.

« Je remarque un groupe de jeunes gens pleins
« d'entrain qui veulent organiser quelques soirées
« récréatives. L'idée fera son chemin..... »

L'idée a fait son chemin ; un aimable pèlerin, M. Dumuys, payant généreusement de sa personne, annon-
çait un soir l'existence d'un comité, et faisait appel
aux poètes, déclamateurs, chanteurs de bonne
volonté pour dérider les fronts et détendre les
nerfs.

Le détroit de Messine, que nous avions plaisam-
ment baptisé du nom de *détroit de médecine*, venait de troubler cruellement les estomacs ; les victimes du mal de mer étaient nombreuses, et pendant
un formidable roulis qui me forçait, sur ma couche,
à me cramponner à la poignée du hublot pour ne
pas être jeté en place, un bris considérable d'assiettes,
bouteilles, verres et carafes, jetait la confusion au
milieu des convives... survivants.

Un poète du bord (1) développa spirituellement ce
thème par la parodie d'une des plus jolies fables de
la Fontaine :

(1) M. l'abbé Verdeney, improvisateur toujours applaudi.

Un mal qui répand la terreur,
Mal que la *mer* en sa fureur
Inventa pour purger presque tout un navire...
Ils ne meurent aucun, mais tous sont bien frappés ;
Personne ne les voit à manger occupés.
N'cherchez les soutiens d'une mourante vie... etc.

C'était notre récréation du soir, et pendant une heure se succédaient, sur l'estrade improvisée, les interprètes d'œuvres variées depuis le *Crucifix* de Victor Hugo et le *Naufragé* de Coppée jusqu'... au *canard* marseillais. ou *chemin de fer de ceinture* inclusivement ! le tout complété par des conférences d'un grand mérite historique et littéraire.

Un dernier chapelet récité devant le Saint-Sacrement avait promptement fait oublier cette échappée innocente des exercices ordinaires d'un pèlerinage.

CHAPITRE VI.

LA PART DE DIEU. — UN DIMANCHE EN MER.

Une des surprises de Ladislas était l'organisation et le service d'ordre de la chapelle. Les exercices religieux étaient multipliés dans le cours de la journée : les messes commençaient à minuit et se prolongeaient jusqu'à huit heures ; — à 6 heures sonnait la Messe du pèlerinage, et chaque jour, à notre édification, les communions étaient fort nombreuses ; — à 9 heures, premier chapelet avec mystères médités ; — à midi, conférence scientifique ou religieuse ; — à 1 h. 1|2, deuxième chapelet ; — à 3 heures, chemin de croix avec stations prêchées ; — à 8 h. 1|2 enfin, troisième chapelet, avis du Père directeur, Salut du Saint-Sacrement et prière du soir.

Telle était la part de Dieu ; et, entre temps, adoration continuelle de jour et de *nuit* devant le tabernacle, par des groupes organisés.

La chapelle tenait une place importante dans un pèlerinage qui devait associer *pénitence* et *prière* : aussi rien ne fut épargné dans l'aménagement de ce sanctuaire flottant qui occupait sur une superficie de 300 mètres tout le tillac d'arrière, et que de fortes toiles protégeaient contre le soleil et l'ouragan. Le

maître-autel enveloppé des plis du drapeau national (pour nous rappeler à toute heure la mission
volontairement acceptée d'être pénitents et suppliants
au nom de la chère patrie) avait pour seule décoration la voûte des cieux et les flots sans rivages : l'immensité de la création répondant à l'infini de l'a-
mour de la Victime immolée et aux fruits inépui-
sables du sacrifice eucharistique.

Assurer aux 400 pèlerins une place au pied du tabernacle pour les exercices publics et les actes de
dévotion privée, c'était chose relativement facile ;
mais il y avait problème plus complexe : donner aux
170 prêtres la consolation d'élever chaque matin
vers le ciel l'Hostie du salut. Le mot « impossible »
rayé du dictionnaire français n'a pas meilleur accueil
au vocabulaire assomptionniste. Dix-neuf autels
portatifs dressés chaque matin sur les plats-bords, et
s'échelonnant le long des parois de la chapelle, donnaient à ce sanctuaire l'aspect de la basilique de
Lourdes avec ses vingt messes simultanées. Les
prêtres qui ont bénéficié de cette ingénieuse organisation ne sauraient trop remercier les jeunes Frères
sacristains dont le zèle suffisait aux mille détails du
service, pour que chaque autel eût à son heure lu-
minaire, ornements, calice et missel.

Une première Messe à bord, au milieu de l'immensité qui vous entoure, impressionne, émeut. Le
spectacle était particulièrement grandiose à l'office
solennel du dimanche : tout l'équipage, commandant à la tête ; le drapeau français enveloppant l'autel

une salve d'artillerie annonçant la venue de la sainte
Victime ; les fronts inclinés ; les cœurs saisis à la
pensée qu'un simple plancher nous sépare d'un
abîme de 3,000 mètres ; l'isolement absolu au milieu
des flots... La scène est inoubliable.

Pour ne plus revenir à ces touchantes réunions, à
ces pieux offices où le chant des cantiques magistra-
lement accompagné reportait notre souvenir aux plus
délicieuses fêtes de notre vie sacerdotale, que le lecteur nous laisse dire l'émotion que nous a laissée
à tous, au retour, la cérémonie d'une Première Communion à bord.

La vie du marin a des imprévus qui séduisent et
fascinent les caractères aventureux ; mais elle a, par
contre-coup, de cruelles exigences. Le navire emporte
pour une traversée d'épreuve un jeune garçonnet de
10 ans que sa mère, surchargée de famille, confie à
l'équipage ; il sera mousse et, plus tard, matelot s'il
ne survient ni mésaventure ni découragement. Mais
dans ces courses d'une mer à l'autre qui sèment à
toutes les latitudes et à tous les rivages les mois, les
années de la vie de ce pauvre adolescent, qui s'occupe
de son âme ? Qui lui apprend à larguer la voile vers
des horizons plus élevés que les flots qu'il sillonne,
vers un autre port où son Dieu l'attend ?

Personne.

La pensée de l'éternité, d'une vie future, n'effleure
son âme que dans les tristes circonstances où la
mort choisit une victime parmi ses frères de bord.

Le capitaine remplace, insuffisamment, hélas ! le prêtre absent ; mais si le vieux loup de mer n'a pu consoler et rassurer le mourant, son devoir du moins exige qu'avant de jeter à la mer le cadavre à peine refroidi, il murmure une dernière prière. C'est alors que le jeune mousse entend, autrement que dans un blasphème, le nom de Dieu frapper son oreille.

C'est bien peu pour former un chrétien.

Il n'est donc pas rare de trouver, parmi les hommes d'équipage, des cœurs naturellement droits et honnêtes, privés, par la faute des circonstances, du grand acte de la Première Communion si importante pour orienter une vie chrétienne.

Dieu ménage d'ordinaire à ces âmes de bonne volonté des occasions favorables, qu'elles devront en quelque sorte saisir au vol. Une de ces occasions rarement aussi propices se présentait à l'équipage du « Poitou ».

M. l'abbé de l'Eguille, digne entre tous des fonctions d'aumônier du bord, eut la joie de voir six matelots répondre à son appel et se préparer dans les heures de loisir à l'accomplissement de cet acte religieux. Nul n'oubliera le double accident qui jeta un voile de tristesse sur cette fête que l'on espérait toute joyeuse ; Dieu l'a permis sans doute pour en conserver chez tous les témoins un souvenir plus durable. Deux jours auparavant, une mort soudaine frappait en pleine santé l'un des hommes de service et nous donnait, à nous passagers, l'émouvant spec-

tacle de l'arrêt subit du navire au moment où le cadavre, cousu dans une toile grossière et alourdi par
des poids, est jeté avec un bruit sinistre dans le
gouffre béant, toujours avide de nouvelles victimes.
Celle-là, du moins, avait eu sur son cercueil les paroles liturgiques de la sainte Église, les prières de
170 prêtres et de 400 pèlerins. Que Dieu lui fasse
miséricorde !

Un autre matelot, et celui-là était l'un des catéchisés, eut au cours d'une manœuvre la jambe brisée
par la rupture d'une attache de poulie.

La blessure, en voie de guérison, permit cependant
au jour de la Première Communion de transporter
à la chapelle, sur son grabat, le pauvre infirme qui
put ainsi partager la joie de ses camarades.

Nulle cathédrale n'avait, en pareil jour, un autel
entouré d'un clergé aussi nombreux, d'une assistance plus recueillie et plus priante. Et quel cadre
à ce tableau ! Sous un ciel sans nuages, ardent déjà
par le feu du soleil, le navire, nouvelle arche
sainte, glissait majestueux sur des flots que ne
bornait aucun continent, que ne ridait aucun souffle
et qui laissaient à peine à ses murailles de fer une
légère frange d'écume.

La cérémonie d'une Première Communion n'est
complète que par le renouvellement des promesses
du baptême : ces hommes de me , aux mains cal-
leuses, au teint bronzé, mais à l'âme noble et fière,
jurèrent fidélité à leurs nouveaux devoirs. Ils ont
été et seront toujours sans peur ; ils promettent

d'être sans reproche. Dieu les entend et les assiste !

Ladislas gardera mémoire de ce jour de fête, et, comme souvenir, il conserve l'un des cierges tenus à la main par les premiers communiants ; il l'avait prêté pour la circonstance, le détachant du faisceau de ceux qu'il avait allumés un instant sur le Saint-Sépulcre et qu'il rapportait à ses amis de Poitiers.

Que manquait-il à cette journée riche de tant de grâces, parfumée de si douces émotions ? Le consolant spectacle qu'il est de mode, dans un certain monde, de refuser à des populations chrétiennes froissées dans leur foi par l'injustifiable ukase de satrapes au petit pied. Nos villes ne peuvent plus rendre hommage au Dieu de l'Eucharistie qui traversait autrefois les rues des cités et des bourgades, bénissant les peuples à genoux. Le « Poitou » échappait à ces étreintes : libre dans sa foi, libre dans ses actes, il laissait voie ouverte au cortège désireux d'acclamer le Dieu dont la mer, au plus fort de ses indomptables furies, sait toujours respecter les arrêts.

Deux heures suffisent aux mains industrieuses qui improvisent un reposoir : les riches tapis du Caire se festonnent en draperies, les palmes de Jérusalem se courbent en volutes, le plumage soyeux de l'autruche de Matarieh devient un blanc panache, les armes se dressent en faisceaux et trophées. Tout est prêt : le canon tonne (au grand effroi d'un navire italien qui change sa route, croyant peut-être à une agression hostile) ; le dais s'avance, précédé de vingt

3

prêtres parés des ornements sacerdotaux. Par antici-
pation et usant de ces heures précieuses de liberté,
nous avons notre Fête-Dieu.

Voilà notre dimanche en mer. Sur quels océans
lointains semblables scènes ont-elles pu se renouveler ?

CHAPITRE VII.

LADISLAS SUR LA TERRE DES PHARAONS.

Pendant la traversée de Marseille à Alexandrie (environ 680 lieues), le navire, avec sa vitesse moyenne de 110 lieues par 24 heures, s'était assez approché de certaines côtes pour nous permettre de les suivre à l'œil nu et d'en étudier les détails avec la jumelle. Ladislas n'en laissait passer aucune sans me la signaler. Son poste d'observation était le gaillard d'avant ; sa vue perçante avait-elle soupçonné à l'horizon une ligne estompée, il allait en toute hâte consulter la carte marine exposée sur le pont, notait le nom, la distance approximative, et, joyeux, venait m'annoncer sa découverte.

Au lendemain de notre départ nous avions doublé le cap Corse en traversant le très étroit goulet qui le sépare de l'îlot Giraglia : des signaux furent échangés avec le sémaphore. Plus loin, c'était Rogliano, Caprera, l'île d'Elbe, Pianosa, Monte-Cristo qui n'est qu'un rocher desséché sur les pentes duquel, à la distance de moins de 100 mètres, nous découvrions des coulées brillantes comme du *mica*. — Bientôt après, le golfe de Civitta. Combien parmi nous auraient sacrifié deux jours de leur pèlerinage d'Orient

pour aller saluer Rome et son Pontife, si près de
notre route !

Plus loin encore, Ladislas, l'un des premiers,
signala le Stromboli, volcan laissant échapper de
son cratère des jets continuels de fumée qui se colo-
rent, la nuit, de reflets rougeâtres. Un village de
1,000 habitants, *Inostra*, est bâti au pied de ce dan-
gereux et bouillant voisin : est-il survenu entre eux
un contrat tacite assurant à ces téméraires le libre
exercice de la pêche et de la culture des vignes ?
Chi lo sa ?

C'est l'annonce du détroit de Messine... hélas ! de
pharmaceutique mémoire. Quatre fois le jour il est
traversé par des courants contraires qui dans cet espace resserré (de 3 à 7 kilomètres) rendent la mer
houleuse. Pour les anciens c'était Charybde, c'était
Scylla, deux horibles monstres qui se renvoyaient de
l'un à l'autre les barques imprudemment engagées
dans la passe. Ces deux monstres, qui faisaient rage à
notre premier voyage, dormaient peut-être ou étaient
repus, à la traversée du retour, ce qui nous donna l'extrême plaisir de contempler tout à l'aise, et à nos pieds,
les importantes villes de Reggio à la pointe de l'Italie, et de Messine qui compte 110,000 habitants,
l'une des places les plus fortes de la Sicile. La promenade était charmante entre ces deux rivages semés
de villes et de bourgades, couverts d'une riche végétation et arrosés par de nombreux cours d'eau devenus torrents en arrivant sur la grève.

Enfin, après 7 jours de traversée et un retard de

9 heures dû à une malencontreuse tempête, la vigie si-
gnalait à une heure, — le jeudi 24 avril, — Alexandrie et la terre d'Égypte.

L'Égypte! Quel monde enseveli depuis cinq mille
ans dans cet étroit bassin du Nil se réveille à ce seul
mot !

Ici, sous cette terre limoneuse, plus loin sous ces
sables brûlants, dorment les 26 dynasties de rois pa-
tiemment recherchées et énumérées par Manéthon ;
— c'est Ménès le fondateur de la 1re dynastie ; — ce
sont les Hyksos ou *rois pasteurs de la xvie dynastie*,
de même sang que les fils de Héber, venus de Chanaan
et accueillant un jour, comme des compatriotes malheureux, Jacob et sa famille dans la terre de Gessen
à l'heure où Joseph était le ministre du Pharaon ; —
c'est Ahmès, le chef thébain de la xviie dynastie, qui
s'empare de Tanis, capitale des Hyksos, et devient
roi de la haute et de la basse Égypte : il fut de ces
rois, étrangers au sang des Hébreux, « qui ne connais-
saient plus Joseph » ; — c'est Ramsès II ou Sésostris
le *bâtisseur* (le roi pariétaire, disait Champollion), qui
opprima sous un joug de fer pendant son long règne
de 66 ans les fils d'Abraham, de colons devenus captifs,
Ramsès dont la fille compatissante ouvrit son palais
au jeune Moïse sauvé des eaux. Nous retrouverons
au Caire, dans l'une des salles du palais Gizirah, sa
momie exposée intacte aux regards curieux des
égyptologues ; — c'est Méneptah, le submergé de la
mer Rouge dans la poursuite des Israélites, etc.

Plus tard, à la frontière de l'ancien monde, c'est la science profane qui inscrit les noms si justement célèbres d'Euclide, d'Eratosthènes, d'Archimède ; — c'est Alexandre ajoutant l'Egypte à ses autres conquêtes, et au retour de sa campagne de Libye demandant à l'architecte Dynachorès le tracé de ce qui devait être sa nouvelle capitale, Alexandrie ; — ce sont les 13 rois de la dynastie des Lagides ou Ptolémées, depuis Ptolémée-Soter jusqu'à la fatale courtisane Cléopâtre.

Avec l'ère chrétienne ce sont les premiers martyrs : saint Simon à qui l'Egypte échut en partage lors de la dispersion des Apôtres ; saint Marc envoyé à Alexandrie par saint Pierre ; saint Léonide, père d'Origone ; sainte Catherine, vierge, *docteur* et martyre ; — les illustres évêques groupés autour du nom d'Athanase et de Cyrille ; les hérétiques, autour d'Arius et de Nestorius et, dans la solitude de la Thébaïde, les saints ermites et anachorètes.

Quels souvenirs ! Et maintenant, de ce monde qui n'est plus, quelles traces retrouverons-nous ?

Absorbé par cette rapide vision du passé, je ne remarquais point qu'autour de moi une fièvre d'impatience se trahissait chez tous les pèlerins depuis que la terre était signalée. Chacun mettait hâtivement la dernière main à son volumineux journal, modestement appelé sa correspondance. Les vaguemestres volontaires de M. de B... étaient là, prêts à recueillir les lettres pour les déposer à la poste au débarquement.

Puis, les enveloppes fermées, on songeait à la toilette
d'Orient.

Dieu! quels costumes pittoresques et fantaisistes
exhumés des malles chapelières, et destinés, croyait-
on, à produire grand effet sur ces plages que nous,
Occidentaux, nous estimions un peu barbares! Con-
trairement aux beaux pages de feu Marlborough
« tout de noir habillés », le « Poitou » voyait sortir des
escaliers, débouchant sur le pont, une longue file de
blancs fantômes : chapeaux *blancs*, depuis les larges
bords mexicains ombragés, par surcroît, de gaze fes-
tonnée, jusqu'au casque de pompier en liège surmon-
tant têtes de touristes, de dames, et, le dirai-je? de
clercs aussi : voiles *blancs* flottant sur toutes les
épaules; *blancs* burnous variés d'étoffe comme de
forme, depuis la toile écrue jusqu'à la plus soyeuse
flanelle, depuis l'humble rotonde et le manteau aux
plis négligemment drapés jusqu'à la coupe savante du
Louvre et du Bon-Marché; ombrelles *blanches*, *blanches* bottines, et bas *blancs* sans doute aussi.

Ah! c'est que depuis la vulgarisation des sciences
par les Figuier du XIXᵉ siècle, nul n'oserait se commettre à poser pied au pays du soleil, sans repousser
scientifiquement ses rayons par le *blanc* immaculé
de sa vêture.

Ladislas sacrifiait, lui aussi, à ce préjugé : le soleil
devait en voiler sa face, car il n'aurait pas trouvé, je
crois, le disque d'un seul bouton *noir* capable d'absorber un tantinet de ses feux. A dire vrai, le soleil,
là-bas, semble se moquer du blanc comme du noir,

et pendant le séjour aux villes orientales (j'excepte les
excursions) le parasol et le couvre-nuque ont seuls
leur raison d'être.

Les rives du pays des Pharaons approchaient rapidement; Alexandrie émergeait du sein des flots étendant deux immenses bras qui enserrent l'ancien et le
nouveau port.

Derrière ces digues, auxquelles on a donné pour
revêtement un blanc calcaire, quelles traces du passé
demeurent encore debout? Que retrouverons-nous
de l'ancien quartier grec? — le Bruchéion — avec ses
palais, son Muséum, sa bibliothèque sans rivale, son
glorieux *Soma* (tombeau d'Alexandre)? — Que reste-
t-il de la ville égyptienne, Rhacôtis, qui montrait
avec orgueil son sérapeum, ses galeries, son observatoire, une bibliothèque à peine éclipsée par sa voisine du Bruchéion? — Verrons-nous les ruines du
quartier des Juifs qui étaient devenus pour Auguste
une caste privilégiée, et qui avaient groupé derrière
l'Heptastade leurs écoles et leurs synagogues?

De tout cela rien n'a survécu : aucun monument
ne rappelle les gloires profanes, et les anciens
âges chrétiens n'ont plus que des catacombes dont
on a par prudence obstrué l'entrée. Tout ce que
nous apercevons est moderne, à l'exception de la
pseudo-colonne de Pompée qui ombrage un cimetière et qu'un Pompéius de rencontre dédia au César
de son temps, Dioclétien le persécuteur.

À notre extrême gauche c'est le phare rappelant le
célèbre *Pharos*, l'une des merveilles du monde

cette tour en marbre blanc construite par le Cnidien
Sostrate, haute de 135 mètres, et qui avait coûté au
trésor 4 millions de notre monnaie actuelle ; — à
droite, des moulins à vent, le fort Napoléon et la
colonne dite de Pompée ; — au centre, les mâts de
nombreux navires au mouillage, et, par derrière,
les minarets des mosquées dominant les toitures
plates et les façades aux vives couleurs de la cité.

Devant cette ligne que l'on prolonge par la pensée,
à l'occident jusqu'à nos possessions africaines de
Tunis et d'Alger, au levant jusqu'à Port-Saïd, le
débouché de la mer des Indes par le canal de Suez,
on se rappelle les paroles du vainqueur de la bataille
des Pyramides : « Alexandre s'est plus illustré en
« fondant Alexandrie et en méditant d'y transpor-
« ter le siège de son empire que par ses plus écla-
« tantes victoires. Cette ville devait être la capitale
« du monde. Elle est située à portée de l'Asie et de
« l'Afrique, à portée des Indes et de l'Europe, son
« port est le seul mouillage de 500 lieues de côtes
« qui s'étendent depuis Tunis ou l'ancienne Car-
« thage, jusqu'à Alexandrette (de Syrie) ; il est à une
« des embouchures du Nil. Toutes les escadres de
« l'univers pourraient y mouiller, et, dans le vieux
« port, elles sont à l'abri des vents et de toute atta-
« que ».

Ces dernières paroles ont reçu, il y a huit ans, un
cruel démenti : les Anglais ont démontré péremp-
toirement que la ville et le port n'étaient plus à l'abri
d'un bombardement ; et les ruines non encore rele-

vées dans plusieurs quartiers, apprennent aux Égyptiens à redouter, sinon à aimer, les fils d'Albion.
Ah ! si la France avait su et avait voulu !

La France, officiellement et diplomatiquement,
elle n'est plus là, c'est vrai ! mais nous l'y avons
retrouvée vivante encore au cœur des amis qui nous
ont accueillis, grande et prospère dans ses œuvres
d'éducation, de charité fondées là-bas et développées
par nos compatriotes, des Français exilés.

A 3 heures, un pilote, venu à notre rencontre,
monte à bord du « Poitou » pour diriger notre
navire à travers les bas-fonds qui protègent l'entrée
de la rade. Mais nos yeux sont indifférents à la
manœuvre ; par un attrait puissant qui les fascine,
ils ont peine à se détacher de l'extrémité de la digue
où nous voyons des mouchoirs s'agiter pour nous
souhaiter bienvenue. Avouons-le sans fausse honte,
des larmes bien douces ont mouillé nos paupières
lorsque nous avons pu reconnaître dans ces amis
qui nous tendaient les bras, qui étaient là, au poste
de l'attente depuis 6 heures le matin, la blanche
cornette de la sœur de Saint-Vincent-de-Paul,
l'humble tricorne des Frères du bienheureux de la
Salle : la France qui se dévoue accueillant la France
pénitente qui monte au Calvaire !

Une barque nous amène bientôt des religieux et
des prêtres venant nous initier aux usages du pays.
Rendons justice à tous nos pèlerins : une délicate
allusion à cette transformation trop radicale du costume est comprise, parfaitement acceptée, et, en un

tour de main le décor oriental disparait ; il n'y a
plus que des Européens s'apprêtant à débarquer
dans une ville européenne elle-même par ses habitants et ses mœurs.

Nous foulons la terre d'Egypte.

On le croit à peine en retrouvant sur le quai une
nombreuse colonie française venant à notre rencontre : des Arabes, des Cophtes au milieu d'Italiens,
de Grecs et d'Anglais assistent très courtoisement
au débarquement et à la mise en ordre de la procession. Le programme est de nous rendre à la
cathédrale qui sert d'église paroissiale aux 20.000
catholiques latins ; d'assister au salut solennel, et
enfin d'accepter une fraternelle hospitalité, pour le
dîner, — les pèlerins, au Pensionnat des Frères
des écoles chrétiennes ; — les dames, à la maison
des Sœurs de Saint-Vincent-de-Paul : deux maisons
bien françaises. Tout le monde devait rentrer pour
la nuit aux cabines du « Poitou ».

On se met en marche quatre de front, bannière
déployée : les dames aux premiers rangs, à leur
suite les jeunes gens et pères de famille, et enfin
les prêtres, tous jetant à pleine voix dans les rues
et sur les places de cette ville musulmane le chant
du *Magnificat* et de l'*Ave Maris stella*. Ces acclamations à Marie, bien insolites en pareil lieu depuis
la condamnation de Nestorius au ve siècle, nous
allaient au cœur, et la gloire de notre Mère, si doc-
toralement défendue contre l'hérétique par saint

Cyrille, trouvait chez ses fils de France de chaleu-
reux accents.

La population curieuse, mais nullement hostile,
faisait double haie sur le parcours du cortège qui
traversait en bon ordre les quartiers commerçants
et la place des Consuls. Dans l'avenue conduisant
à la cathédrale sont massés les 952 enfants du
Pensionnat et de l'externat des Frères d'Alexandrie ;
la fanfare redit à nos oreilles les airs connus de la
patrie, et lorsque tous nous nous agenouillons au
pied du Tabernacle, les prières se confondent, faisant une part à l'Egypte, à la France, à l'Eglise.

La patrie, non, n'est pas un vain mot ; elle répond
à un sentiment vrai de l'âme, et le cœur, d'instinct,
fait écho à tout ce qui la rappelle au voyageur égaré
sur une terre étrangère.

Nous devons à l'accueil des chers Frères d'avoir
ressenti vivement ces émotions lorsqu'ils nous ont
introduits dans une salle de festin pavoisée du
drapeau national : chacun de nous se découvre
et le salue avec respect, car en de telles circonstances
il est bien l'image et la voix de la patrie absente; à son
ombre, nous entendrons notre propre idiome, notre
belle langue française parlée couramment par des
lèvres qui, sans nos admirables Frères, n'auraient
eu pour nous saluer que les sons gutturaux et incompris de l'arabe.

L'influence sociale, sinon politique, que notre chère
France exerce encore en ces pays d'Orient, nous l'a-
vons touchée du doigt à Alexandrie; nous la constate-

rons également vivante et active au Caire, à Caïffa, à
Jaffa, à Jérusalem ; elle est absolument l'œuvre de
nos religieux et religieuses puisque les hommes
d'État, devant l'Angleterre, ont cru devoir faire
l'abandon du protectorat dans la vallée du Nil.
Les religieux seuls travaillent donc encore là-bas,
en Egypte, pour le maintien et le développement
de l'influence française, et cela par les œuvres
d'éducation et de charité.

Le lecteur veut-il apprécier le résultat du travail
lent et persévérant de ces instituteurs chrétiens ?
Qu'il jette les yeux sur le programme des exercices
français que les jeunes élèves du Pensionnat ont
chantés ou déclamés dans une séance littéraire et
musicale offerte, le jeudi 24 avril, aux pèlerins de
la Pénitence, le tout, dans un langage d'une articulation et d'une correction irréprochables :

1. *Salut* (hymne du collège).	Orphéon.
2. *Aux Pèlerins.*	M. Michel Charbin.
3. *La Conscience* (déclamation).	—
4. *Jeanne d'Arc* (romance).	Georges Bennett.
5. *Le Pater* (débit enfantin).	Vincent Zanelli.
6. *Les Remords de Ganelon* (dialogue).	Emile Sisto.
7. *Petits Pages et Triboulet* (récréation enfantine).	

Merci aux 25 gentils pages et à leur bon ami Tri-
boulet : ils ont enlevé avec brio et avec une crâne-
rie toute française, mutine et de bon aloi, la fantaisie
musicale du maëstro poitevin bien connu.

Merci de même au jeune Michel Charbin qui nous

a redit avec une émotion communicative le mot
flatteur du poète :

Tout homme a deux pays : le sien et puis la France.

Nous ne pouvons séparer dans notre patriotique
gratitude les Frères des Ecoles chrétiennes et les
RR. PP. Jésuites dont le collège florissant ressuscite
les traditions des célèbres écoles d'Alexandrie. Dans
une rapide visite de plusieurs membres du pèlerinage,
le Père Recteur, entouré de la brillante jeunesse
égyptienne confiée à sa haute expérience, nous
adressa quelques mots de bienvenue, et il nous semble encore entendre sa voix vibrante d'une émotion
avec peine contenue : « Messieurs, de retour dans
« votre patrie, dites bien haut à nos amis qu'ici,
« dans ces murs, 3oo cœurs battent pour la France ».

— Oui ! oui ! répondent d'une seule voix ces
braves jeunes gens. « Vive la France ! »

Nous nous attardons à ces détails ; que le lecteur
me le pardonne ! Il fait bon retrouver la France et
des cœurs français à 9oo lieues de son pays, entendre
parler d'elle avec une respectueuse sympathie comme
daigna le faire en termes si gracieux, à la cathédrale,
le vénérable patriarche Mgr Guido Corbelli. Rappelant qu'il avait eu la consolation, étant custode
des Lieux-Saints, d'accueillir à Jérusalem les 1,ooo
croisés du premier pèlerinage en 1882, il était heureux de souhaiter la bienvenue au grand pèlerinage
qui abordait une première fois la terre d'Egypte pour
y évoquer, avec le souvenir du peuple de Dieu, de

la Sainte Famille, des martyrs et des docteurs de l'Église, la mémoire du héros français, saint Louis le glorieux vaincu, qui avait su imposer le respect même à ses vainqueurs.

L'accueil que nous avons reçu à Alexandrie et que demain nous recevrons aussi cordial, aussi fraternel au Caire, est de ceux qui ne s'oublient jamais.

— La France, me demandait au départ Ladislas tout ému, est donc encore une grande nation puisque toutes les mains se tendent vers nous ?

— Oui, mon enfant, mais Dieu permet qu'au loin on ferme les yeux sur ses fautes pour n'applaudir qu'aux grandes œuvres de sa charité.

CHAPITRE VIII.

LE CAIRE. — ENCORE LA FRANCE !

Tous nos amis d'Alexandrie, — et ils sont nombreux : collège des Jésuites, pensionnat des Frères, écoles des Sœurs de Saint-Vincent-de-Paul, religieux, colonie française, — veulent nous faire cortège à l'heure du départ, et ils saluent de leurs nouvelles ovations les pèlerins lorsque le train spécial accordé par la Compagnie s'ébranle sous la marquise dans la direction du Caire.

Un train spécial ! C'était un train *spécial*? Tant mieux pour l'honneur de l'administration des chemins de fer égyptiens qui, sans doute, traite autrement les voyageurs des trains *ordinaires !*

Pour ce voyage de 180 kilomètres qui devait s'effectuer à toute vapeur, on avait entassé les 400 pèlerins dans des wagons de 2ᵉ et de 3ᵉ classe, vrais fourgons de denrées alimentaires... n'osant dire, de bestiaux. Je vois encore la stupéfaction de Ladislas essayant de faire glisser dans ses rainures la porte disjointe qui fermait à une extrémité notre long traîneau. Les ais des parois tout disloqués faisaient entendre des craquements sinistres ; vitres et rideaux sont de luxe, semble-t-il, dans ce pays où soleil et

poussière s'imposent partout en tyrans. Pour que la
fête se complète, le feu lui-même est de la partie ;
mais rassurez-vous, il n'atteint point le plancher du
wagon ; il reste circonscrit à l'essieu qui tourne dans
une boîte vide de graisse. A deux reprises on arrête ce
train *spécial* pour remédier à l'oubli du graisseur
de la Compagnie, et le suif jaune et infect que l'on
verse dans la boîte incandescente dégage une fumée
âcre qui étreint la gorge.

Entre temps (car tout devait être fantastique dans
ce train brûlant l'espace... et les essieux), aux stations
d'arrêt, les wagons sont envahis par des nuées d'indigènes, au teint variant de la nuance olivâtre au plus
beau noir d'ébène, qui s'improvisent pour la circonstance marchands d'oranges, de citrons, de dattes, de
figues sèches, etc. Leur costume primitif, limité à l'in-
dispensable, ne multiplie pas outre mesure les poches
ou réservoirs de marchandises réputées fraîches. On
en a vu (Ladislas n'en croyait pas ses yeux) on en a
vu qui, vêtus uniquement d'une longue chemise blanche (?) serrée à la ceinture par un foulard, tenaient
leur réserve — pouah ! — entre peau et linge, et
d'autres, dans les basques de leur unique vêtement.

En un pays où gardes et barrières sont inconnus
parce que l'Arabe, comme l'oiseau dans l'air, est partout chez lui, le sifflet du départ n'interrompait
point les transactions commerciales. Grimpés sur le
marchepied des wagons et entraînés par l'allure
rapide du train, nos vendeurs des quatre-saisons con-
tinuent leurs offres de service jusqu'à ce que, devant

3•

les refus obstinés des acheteurs, ils se décident à s'é-
lancer agilement sur le talus.

Le chemin que nous suivions nous avait fait laisser
à notre gauche, en quittant Alexandrie, la ligne côtière
d'Aboukir et de Rosette, — Aboukir qui a inscrit
dans nos annales la défaite de notre flotte en 1798 et la
victoire de Bonaparte, un an plus tard; — Rosette que
les egyptologues vénèrent comme le berceau de cette
science nouvelle dont Champollion a doté le monde :
la lecture des hiéroglyphes. C'est en effet au nord de
cette ville que fut découverte, en 1799, par l'ingénieur Bouchard, la célèbre pierre *bilingue* (inscription
en caractères égyptiens, et répétée en caractères grecs)
qui fut la clef révélatrice de cette écriture à la fois
phonétique et figurative. La pierre de Rosette fut
pour les hiéroglyphes ce qu'avaient été, pour l'écriture cunéiforme des Assyriens, les inscriptions tri-
lingues de Persépolis et de Béhistoun.

Bravant poussière et soleil, Ladislas assiste, par les
larges baies du fourgon, au défilé rapide d'un paysage
qui ne manque ni d'originalité ni de charmes. La
train court à travers une plaine des plus fertiles
malgré un labour bien rudimentaire. Les figuiers
sont des arbres de culture courante, et les peupliers
de notre province du Poitou cèdent la place à de
longues avenues de palmiers et de dattiers. Le fellâh,
l'homme des champs, récolte à peu de frais, dans ses
sillons irrigués par des *chadoufs*, les récoltes les plus
variées : haricots, melons, orge, froment, indigo,

tabac, riz, canne à sucre, coton, safran, trèfle et chanvre; mais hâtons-nous d'ajouter que le fisc, à moins de frais encore, récolte davantage, car il prélève sans pudeur le plus net du profit, ne laissant au pauvre esclave que sa chaumière et son hoyau.

Le premier village arabe que nous traversons à vol de train nous impressionne péniblement : de misérables huttes de sauvages, avec des murs de limon pétri. Elles n'ont d'autres ouvertures qu'une porte basse, et au centre du toit plat un trou pour la fumée. Quelle cuisine, dans cet affreux gourbi, peut bien utiliser un semblable ventilateur? une galette de maïs, sans doute, cuite entre deux pierres brûlantes, ou calcinée par la chaleur nauséabonde que donne la combustion de bouses de chameau desséchées. Une dizaine de cases s'arc boutent, se prêtant mutuel appui; mais lorsqu'un jour tout s'effondre et n'est plus qu'un amas de poussière noirâtre, le village se reconstruit vingt mètres plus loin avec les mêmes matériaux réduits par arrosage en mortier frais.

Dieu ! que c'est sale et misérable!

Une bruyante exclamation de Ladislas : « Des chameaux! » nous fait remarquer, sur les bords d'un canal parallèle à la ligne du chemin de fer, une caravane de ces ruminants reliés les uns aux autres par une longe. Ce spectacle, nouveau pour nous, remplacera désormais sur les voies publiques, pendant tout notre séjour en Orient, les attelages européens. Cet animal aux formes si grêles et si désarticulées que nous voyons se dandiner gravement sous une

charge souvent écrasante, c'est le portefaix d'Égypte
et de Palestine. Les Arabes ont l'industrie d'étager
sur des cacolets, ayant pour centre de gravité la
bosse du chameau, les fardeaux les plus disparates :
barils de vin, poutrelles de fer, ardoises pour toiture,
matériaux de construction, nattes gonflées de fruits
secs, etc. Fréquemment nous avons rencontré des
chameaux portant deux énormes blocs de calcaire
destinés à devenir appuis de fenêtre, attachés l'un à
l'autre par un câble et jetés à califourchon sur le dos
de la bête comme les deux jambes d'un cavalier. Le
temps et la main d'œuvre sont là-bas de peu de valeur
pour que sur des chemins à peu près convenables on
ait encore recours à des moyens de transport si pri-
mitifs.

Damanhour est la première cité importante
(23,000 habitants) qui nous rappelle par ses cheminées
d'usine une industrie ouvrière quelconque, et hélas !
aussi par ses nombreux minarets, la terre de l'Islamisme. Dans ce long trajet il nous faudra atteindre
Hafral-Zaïat pour avoir la consolation de saluer la
croix dominant deux flèches gothiques ; partout
ailleurs c'est le croissant turc.

Là aussi nous attendait le fleuve sacré de l'Egypte
identifié avec elle, le Nil, que nous traversons sur un
pont de 12 travées. A cette vue se réveillent tous
nos souvenirs bibliques. Depuis Alexandrie, l'Egypte
n'était pour nous que la terre des Pharaons ; elle
devient maintenant la terre des fils d'Abraham.
C'est la plus occidentale des 7 branches du delta

que nous venons de traverser, le *Nil de Rosette* ; à Benha l'Assal, presqu'aux portes du Caire, nous franchirons la branche de Damiette.

Notre train spécial (et *rapide*, reconnaissons-le) fait longue halte à la station centrale de Tantah, célèbre par son école arabe qui comptait, il y a dix ans, 4,800 élèves.

Ladislas jusqu'à cette heure avait exploré l'horizon oriental et n'avait rien perdu du paysage que nous laissions à bâbord ; au départ de Tantah, il pria poliment un pèlerin de tribord de vouloir bien changer de place avec lui. Il est fait droit gracieusement à son caprice ; mais lorsque je lui demande raison de ce changement de front :

— « Chut! » me dit-il en son langage mimique qu'il emploie encore s'il veut me faire une confidence au milieu de témoins indiscrets, « je veux être le premier à signaler les Pyramides. »

Il tint parole. Pendant que les prêtres terminaient leur office, et que d'autres pèlerins, alourdis par une chaleur torride, sommeillaient sur les banquettes poudreuses, son œil fixait l'horizon du sud-ouest; il était environ 5 heures de l'après-midi. Un cri : « les Pyramides ! » éveille en sursaut les dormeurs, et notre jeune Poitevin triomphant montre du doigt trois pointes ombrées qui se détachent sur le bleu du ciel. Elles grandissent peu à peu et désormais elles ne quitteront plus le paysage jusqu'à notre arrivée au Caire, 6 heures.

Des commissaires du pèlerinage traversent les wagons, donnant les avis pour la sortie de la gare. Chacun de nous a reçu son billet de logement : 250 pèlerins seront hébergés au Pensionnat des Frères des Ecoles chrétiennes ; les autres s'installeront dans deux hôtels dont les chambres ont été retenues d'avance.

Ladislas, comme moi, avait la bonne fortune de devenir l'hôte des chers Frères.

Au moment où le train s'arrêtait en gare, un retentissant coup de canon, tiré du haut de la citadelle, ébranlait les airs. Etait-ce un salut d'arrivée ? Non, c'était le signal du Ramadan, la rupture du jeûne théoriquement gardé par les musulmans, depuis le lever jusqu'au coucher du soleil, pendant le 9ᵉ mois de leur année.

A peine sommes-nous descendus sur le quai de la gare, un groupe de jeunes élèves coiffés du tarbouch égyptien nous accoste de l'air le plus aimable :

— Mon Père, nous demandent-ils en un français très correct, descendez-vous chez les Frères ?

— Oui, mes enfants.

— Venez, suivez-nous ; des omnibus vous attendent.

Et s'emparant de nos valises, ils nous précèdent. Toute l'écurie du pensionnat avait été mise à contribution : les 7 ou 8 grands breacks qui vont chercher chaque matin les nombreux externes aux quatre coins du Caire étaient réservés ce soir aux pèlerins. Il entrait dans le programme du cher Frère Gervais, programme dont chaque article était marqué au coin d'une délicate et judicieuse expérience, de nous épargner une course à pied dans les rues tortueuses de la ville.

Un joyeux orchestre et des mots charmants de bienvenue nous disent, dans un langage compris de tous, que la maison du Caire est la digne sœur de celle d'Alexandrie : ici, aussi bien que là, c'est encore la France.

Oh ! la douce vie de famille trois jours durant ! Dans quel réduit ont élu domicile, pendant cette pacifique invasion, les 50 Frères et les internes qui nous livraient réfectoire, classes et dortoir ? C'est le secret..... de l'abnégation.

Si, par aventure, ces pages franchissant les mers étaient portées jusqu'au seuil du collège Saint-Joseph, qu'elles soient à cette maison hospitalière un respectueux hommage de reconnaissance. — Je comprends que les onze cents enfants formés par de telles mains aux devoirs sérieux de la vie aiment la France ; ils ne la voient qu'à travers le dévouement, la vertu, la charité de leurs maîtres ; et cette généreuse illusion dans ces jeunes âmes est à l'honneur de tous.

Nos petits amis du collège venaient se mêler aux groupes des pèlerins ; à suivre leur conversation, leurs appréciations, leurs récits, on avait peine à se convaincre que les interlocuteurs étaient des enfants de 13 à 14 ans, d'origine arabe, grecque, juive ou italienne, familiarisés déjà avec les difficultés sans nombre de notre langue française.

Ladislas et moi gardons un particulier souvenir de deux jeunes cousins, Antoine et Camille Heldani, âgés de 13 ans :

— Combien connaissez-vous de langues étrangères? demandai-je à Antoine.

— Mon Père, me dit-il avec une modestie qui me fit sourire, je n'en parle que quatre.

Il n'en parle que quatre, le cher enfant, à 13 ans ! il ne lui manque plus que l'espagnol et l'allemand pour achever le cycle des langues étrangères enseignées à Saint-Joseph.

Que penser de tels maîtres qui forment de tels élèves ?

Dans une séance littéraire, donnée le dimanche aux membres du pèlerinage, je me reportais à ces réunions de la Propagande où tous les idiomes sont entendus.

PROGRAMME DE LA SEANCE DU 27 AVRIL.

1. *La prima età*, récitation en italien.
2. *Dialogue entre Bayard et le connétable de Bourbon*, en arabe, traduit du français.
3. *Idle Willy and his Father*, dialogue anglais.
4. *Le soldat et le prince*, en français.
5. *Le Ciel en est le prix*, cantique arabe, traduction et air du cantique français si connu.

> REFRAIN : (prononciation par à peu près).
> *Gaça* (3 fois) *na fi el Sama*
> Heureux dans le ciel.
>
> 1er COUPLET : *Gaça-na fi el Sama*
> *Nech'bahel Bahayem*
> *Belisath el denya*
> *Oi nacounou Salihm*

6. *L'hirondelle.*   Chœur en français.
7. *La dent de mon oncle.*   Scène comique, en français.
8. *Le serment d'Agamemnon.*   Déclamation en grec ancien.
9. *Le petit Bengali.*   Chœur en français.
10. *Le garçon d'hôtel.*   Scène comique, en français.
11. *Monologue.*   En arménien.
12. *La France.*   Chœur en français.
13. *Le Pèlerin blanc.*   Drame français en 3 actes.
14. Nombreux intermèdes par la fanfare du Pensionnat.

Décidément les Frères des Écoles chrétiennes sont une puissance à l'étranger, et, plus qu'un régiment armé, ils soutiennent et développent l'influence française.

De la terrasse du Pensionnat on domine toute la ville du Caire : — partout des effondrements, des ruines, que nul propriétaire ne songe à relever. On bâtit toujours, on n'entretient et ne restaure jamais. Du haut de ce belvédère un Frère, que nous avions connu professeur à l'importante maison de Poitiers, nous signale les divers quartiers et les principaux monuments ; nous nous orientons. Le Nil est derrière nous ; en face, au sommet de la colline, la citadelle du Caire ; à notre droite, cachées par un pli de terrain, les Pyramides ; à notre gauche, un quartier moins remuant ; puis, de cette plaine limitée par ces points extrêmes, émergent les 400 mosquées et minarets de la capitale, semblables aux pièces d'ivoire jetées pêle-mêle sur un vaste échiquier.

La terrasse était souvent un poste d'observation occupé par Ladislas, lorsqu'à la tombée de la nuit tous ces minarets, plus brillamment éclairés pendant

4

le Ramadan, allumaient leurs feux ; mais il ne pouvait, comme nous, entendre au même moment la
voix grave du Muezzin jetant du haut des minarets
sur la ville, à cette heure plus calme, le cri de la
prière : « *La illah il Allah ; Mohammed raçoul Allah* »,
c'est-à-dire : Il n'y a de Dieu que Dieu : Mahomet
est l'apôtre de Dieu. Cette invitation à la prière vole
de mosquée à mosquée, et couvre la cité comme les
ondes sonores d'un multiple écho.

La ville est immense. Sa population ? nul ne la
connait : elle échappe à tout recensement, en raison
de l'interdiction absolue de pénétrer dans les parties
de maison spécialement réservées à la famille. Or, la
tolérance monstrueuse de la polygamie peuple les
foyers d'hôtes soustraits à tout contrôle, à tout
état civil. L'estimation de judicieux géographes
porte à plus de 500.000 le nombre des habitants du
Caire, et ce chiffre ne parait nullement exagéré lorsqu'à certains jours on voit chaque bouge, chaque
labyrinthe d'impasses et de ruelles, déverser à flots sa
population multicolore dans les grandes artères de la
cité. Les places, les boulevards, les quais ont l'en-
combrement des rues les plus fréquentées de Paris.
Arabes, nègres, Egyptiens, Grecs, Juifs, Syriens,
Levantins se croisent, se heurtent, et la foule houleuse est rendue plus bruyante encore par les cris
gutturaux des âniers stimulant la marche de leur
fringante monture, et par les trains de chameaux
se frayant difficilement passage au milieu des
groupes.

D'autres quartiers, au contraire, ont l'animation plus calme de nos villes européennes : le Mouski, ou quartier franc entre autres, présente par ses riches magasins, ses hôtels et ses cafés, les séductions de l'Occident, et l'on a dit avec raison que si les 20.000 Européens du Caire sont noyés dans le flot des Egyptiens, des Arabes et des Turcs, leur influence est encore prédominante ; on ne les voit presque nulle part, partout on les devine.

Tout à côté des maisons confortables que la civilisation moderne a jetées dans certains quartiers du Caire, l'étranger remarque avec stupéfaction des réduits, des bouges, foyer d'épidémies pour des créatures humaines, pourrait-on croire.

— Comment le bacille du choléra, demandait-on au vénérable Frère Liévin, ne se développe-t-il pas dans ce milieu si favorable que présentent certaines villes orientales ?

— Le bacille du choléra, répondit-il spirituellement, ne peut s'y développer : l'infection est telle qu'elle l'asphyxie sans quartier.

Il y a peut-être une ombre de vérité sous cette forme humoristique: la sécheresse est moins favorable que les émanations humides au développement de tels germes. Or, le lecteur ne l'ignore pas, en Egypte et en Palestine la pluie pendant l'été est un phénomène des plus rares. Cependant entre ces deux contrées j'ai cru remarquer une différence dans l'état du ciel. Notre excursion au Caire nous ayant fait descendre jusqu'au 30° parallèle, c'est-à-dire 16° d'une latitude inférieure à Poitiers, j'avais cru pouvoir promettre à Ladislas la vue de l'admirable *Croix du Sud*, qui gît à 60° de latitude australe. et *l'Amas du Centaure*, la plus riche nébuleuse du ciel, qui se compose de plusieurs milliers d'étoiles condensées dans un espace égal au diamètre apparent de la pleine lune. Au cours des trois nuits passées sous le toit hospitalier des Frères, j'ai pu examiner le ciel à différentes heures, du haut de la terrasse : de nombreux cirrus en voilaient la transparence, et les étoiles n'avaient point l'éclat que j'admirai plus tard sous le ciel de Jérusalem. Que ce soit accident fortuit ou état normal, nous avons été privés tous deux du spectacle promis.

Des mœurs et habitudes de la population nous n'avons rien à dire : ce point n'est pas du programme. Mais je ne puis taire une réflexion surprise aux lèvres de Ladislas :

— « Pauvres femmes ! combien elles sont malheureuses ! »

Ce cri de commisération lui était arraché par la rencontre de quelques musulmanes glissant comme des fantômes au milieu de la foule, et portant sur le visage le voile qui ne laisse découverts que les yeux. L'étui métallique qui descend du front et supporte le voile, malgré sa richesse et ses fines ciselures, est un témoin muet de la dure servitude que l'Islamisme impose à la femme. Les moucharabiés les plus délicatement découpés, et qui lui donnent la facilité de jeter, de son divan, un regard discret sur la rue, sont un insuffisant dédommagement à la captivité déguisée de ces victimes de la jalousie et du fanatisme.

Qui donc révélera à ces peuples en décadence la dignité et la sublime mission de la femme ennoblie par l'Évangile?

Au milieu de ces bruits précurseurs de catastrophes et peut-être d'effondrement pour la malheureuse Égypte, le pèlerin est consolé d'entendre des voix pures qui montent vers le ciel, portant là-haut le chant du sacrifice et de l'expiation : c'est le rôle que se sont imposé les Religieuses de la Mère de Dieu, — du Bon-Pasteur d'Angers, — des Sœurs Franciscaines, etc. Il y a d'autres sanctuaires aussi où Dieu aime à recueillir les hommages et les prières de ses enfants : la cathédrale de l'Assomption, confiée au ministère des RR. PP. Capucins ; — l'église Copte catholique avec son très élégant portail sculpté comme une délicate dentelle. Le hasard nous y fit entrer à l'heure de l'office que suivaient religieusement deux écoles de garçons et de filles ; leur manuel de prières contient à côté de l'arabe, langue liturgique, une traduction *française* ; — l'église Arménienne catholique, décorée de peintures bleu et or ; — l'église des Grecs-Unis. Pour la première fois nous avons observé le rit spécial à cette branche religieuse : un rideau sépare la nef du sanctuaire et demeure fermé pendant la consécration.

Les Grecs schismatiques, peu nombreux sans doute, n'ont point de temple pour leur culte, particularité qui valut aux pèlerins descendus à l'hôtel kédivial

la suprise d'assister à un mariage.... en chambre.
Un salon de l'hôtel était à la fois cabinet de l'état
civil et sanctuaire. La jeune fille, comme en Occident, avait toilette blanche ; mais il y avait double
couronne, une sur la tête de chaque fiancé. A trois
diverses reprises, ces deux couronnes attachées par
un lien symbolique passent d'une tête à l'autre, et
entre les fiancés se fait le même échange d'anneau
nuptial.

A la fin de la cérémonie, des jeunes gens du cortège lancent à la figure de la mariée dragées et frian-
dises dont l'assistance prend sa part ; puis le pope,
nous a-t-on dit, promène trois fois autour de la table
la nouvelle épouse suivie de son mari : est-ce pour
mettre sous une sauvegarde religieuse l'entrée de la
jeune femme dans le monde ?

La capitale de l'Egypte, pour Ladislas, n'est qu'un
immense kaléidoscope où les races, les types, les
coiffures, les vêtements, les usages se mélangent avec
des contrastes souvent heurtés, mais qui se fondent
cependant dans une certaine harmonie ; c'est un miroi-
tement qui fait succéder aux turbans les coulliehs et
les tarbouchs, aux vestes de velours des Levantins
la fustanelle des Grecs, le long manteau rayé du Bédouin et l'abbayah de l'Arabe. Mais toute cette agitation n'est que factice ; il n'y a là nulle place pour
le rude labeur de l'ouvrier, pour l'activité de l'industrie. Le narguileh ! voilà le seul outil qui jamais ne
chôme.

CHAPITRE IX.

SPHINX, DIS-NOUS LE SECRET DES PYRAMIDES !

La journée du samedi 27 avril est consacrée aux
souvenirs profanes et pharaoniques du Caire : la citadelle — la mosquée de Méhémet-Ali — la visite du
musée égyptien au palais Gizirah — un déjeuner
champêtre sous les lebbacks du jardin — et enfin
l'excursion aux Pyramides. Voilà l'itinéraire et le
programme.

A une heure assez matinale, un choix varié de
véhicules et de montures attend les pèlerins. Aux élé-
gants sportsmen les chevaux de race..... s'il s'en
trouve ; aux plus novices en équitation les ânes
d'allure plus modeste mais aussi ardents ; calèches,
breacks, chariots de tout âge et de toutes formes seront le partage des autres groupes. Le classement
ne se fait point sans invectives ni horions dans le
camp des âniers et des moukres, qui tirent littérale-
ment à quatre chevaux le malheureux pèlerin four-
voyé au milieu des montures pour déterminer son
choix. Je me représente encore Ladislas, un pied
dans l'étrier, l'autre jambe déjà levée pour enfour-
cher un petit âne blanc de belle encolure et coquet-
tement harnaché, mais retenu entre ciel et terre dans

cette situation d'équilibre instable par deux concurrents qui s'entêtent à le convaincre des qualités
supérieures de leur propre baudet.

Mon jeune compagnon avait épuisé son vocabulaire arabe : « *Rouhh ! Dirbalak ! Hârami ! Khaïnn !*
Va-t-en ! prends garde ! voleur ! trompeur ! »

A bout d'arguments, il cravache d'importance les
deux moricauds qui se disputaient ses faveurs,
et au galop de sa monture s'arrache de la bagarre.

Conséquence du mauvais exemple. C'est de cette
façon sommaire que parlementent les policiers du
pays avec cette race qui n'obéit qu'au bâton et qui
reçoit souvent à part égale kourbach et bakchiche.

Tout le monde commodément installé, ou à peu
près, la longue file des équipages sous les ordres
d'un drogman-chef parcourt au grand trot des chevaux les rues peu fréquentées encore à cette heure,
mais en éveillant étrangement la curiosité des rive-
rains : il est peu de fenêtres, peu de moucharabiés
qui ne trahissent l'étonnement des curieux et des
curieuses.

Nous quittons les voitures à l'extrémité de la ville,
au pied même de la colline qui se dresse devant nous
couronnée des créneaux de la forteresse et du dôme
de la mosquée Méhémet-Ali qui en occupe le centre.
Une vaste cour rectangulaire, ornée au milieu d'une
fontaine pour les ablutions et fermée par quatre
portiques avec arceaux en ogive, sert de vestibule au
temple musulman que fit élever, pour abriter son
tombeau, ce soldat parvenu qui sut laisser, il faut

le reconnaître, des pages glorieuses à l'histoire de
la Basse-Egypte.

C'est avec répugnance que nous nous soumettons
à la formalité obligatoire de quitter nos chaussures
pour fouler les tapis de la mosquée. L'intérieur est
riche, mais de mauvais goût : l'albâtre, les dorures,
les œufs d'autruche, les lustres y sont prodigués.
Une immense couronne de globes de cristal a même
diamètre que la coupole (45 mètres). Il n'y a d'autre
mobilier que deux chaires assez finement sculptées,
et dont l'une, nous dit le guide, est exclusivement
réservée à la lecture du Coran faite par un marabout
armé de l'épée : « *Crois ou meurs !* ».

Cet édifice date à peine de 50 ans, et déjà, faute
d'entretien, il annonce ruine.

De l'esplanade qui entoure la mosquée l'œil
plonge sur un ravin odieusement ensanglanté en
1811 par le massacre des janissaires, sur l'ordre de
ce même Méhémet-Ali : l'un d'eux, nous raconte-
t-on, monté sur son cheval, s'élança d'un bond dans le
vide et dut son salut à cet acte de téméraire audace.

Là aussi, tout près, est le célèbre puits de Yousoûf
Salah ed-din, ou Joseph Saladin, qui mesure 15
mètres de diamètre et 90 mètres de profondeur. Il
descend au-dessous du niveau du sol. Une pente douce
en spirale est ménagée le long des parois et per-
mettait aux bœufs de descendre à mi-chemin jusqu'à un manège, pour alimenter d'eau potable
la citadelle et le quartier avoisinant. Actuellement
le puits est abandonné.

En sortant de l'enceinte fortifiée qui n'a de citadelle que le nom, — car elle est ouverte à tout venant, sans canons, presque sans soldats — Ladislas
me fait remarquer deux portes blindées percées à jour
par les boulets du dernier siège.

Chacun retrouve à la halte sa monture ou sa ban-
quette, et sous un soleil ardent nous repartons à
toutes brides dans la direction du palais Gizirah.

Gizirah est un écrin qui a coûté à Ismaël 42 millions, et dans ce riche écrin on dispose, on classe
actuellement tous les trésors que 5o années de fouilles
ont exhumés du sol des Pharaons. Hier encore ils
étaient entassés dans l'étroit musée de Boulaq, sous
la garde du tombeau de Mariette-Bey, notre compatriote, qui fut l'ardent pionnier de ces recherches
souterraines : Boulaq était son œuvre. Mais Boulaq
cède à son heureux rival une collection qui n'a point
sa seconde au monde : autels antiques, divinités
égyptiennes, sarcophages, scarabées, papyrus,
sphinx, statues de rois, momies, armes, outils,
parures., etc., autant de pages diverses que lisent couramment les égyptologues, héritiers de la science
de Champollion, pour reconstituer l'histoire de
ce pays jusqu'aux premières dynasties de ses mo-
narques.

Dans certaines galeries, dans les salles notamment
où les momies, encore liées de leurs bandelettes,
mais le visage découvert, semblent faire cortège
au cadavre de Ramsès II que l'on voit exposé en
son sarcophage de cèdre, nous sommes sous le poids

d'une impression étrange, à la pensée que nous nous promenons au milieu des contemporains de Joseph, le ministre de Pharaon ; de Moïse, le libérateur de la servitude d'Egypte.

De cette civilisation pharaonique aujourd'hui disparue et qui a semé le long des rives du Nil, avec les Pyramides, les deux temples d'Ibsamboul et ses quatre colosses de 20 mètres de hauteur, le Rames-seum de Thèbes, le sanctuaire d'Abydos, les palais de Karnak et de Louqsor, Pithom, Memphis, Tanis, etc., que reste-t-il à cette heure ? des ruines que les savants disputent aux sables africains, et des tom-beaux qui nous rendent intacts les héros de ces âges légendaires. Ces souvenirs des morts ont leur éloquence, et ils font la lumière au moins sur un point des croyances religieuses de ce peuple : la survivance de l'âme et le pieux instinct de la ré-surrection des corps.

Détail curieux : les pierres tumulaires recouvrant le sarcophage étaient des tables de festins et de liba-tions. Vingt cavités hémisphériques recevaient les aliments destinés à nourrir l'âme ou *le double* du corps momifié, en attendant son retour dans ces organes qu'elle avait quittés ; un canal creusé dans la pierre recevait les libations et faisait par-venir jusqu'à l'intérieur du tombeau l'odeur des viandes rôties et des fruits savoureux, la fumée de l'encens jeté sur la flamme.

Ce regard rétrospectif jeté sur l'ancienne Egypte laissait naturellement Ladislas un peu froid ; aussi

avait-il reçu toute liberté d'errer à sa guise dans
telle ou telle galerie préférée. — Je le retrouvai,
à la fin de notre visite, en contemplation devant
un sphinx de granit noir, d'un fort beau travail.
La tête humaine qui surmonte ce corps du lion
a le galbe traditionnel des rois pasteurs : front large,
pommettes osseuses, joues pendantes, nez arqué,
menton saillant, regard calme dans sa force.

Si Apapi Iᵉʳ (c'est son nom) est le même que Apo-
phis, nous avons devant nous les traits du Pharaon
bienfaiteur de Joseph et protecteur des fils de Jacob
sur la terre de Gessen.

Mais assez ! dépêchons ; la trompette du chef de
file vient de sonner le ralliement. Dans une clairière
du parc passent les chers Frères Gervais et Angelème, à la tête d'un convoi de vivres. En deux mou-
vements les paniers sont descendus et dévalisés ;
chaque groupe de pèlerins muni de bouteilles, de
pain, de tranches de viande froide, s'installe en
plein sable au pied d'un lebbach, et, arrosant un
vin généreux de l'eau du Nil empruntée aux canaux
du jardin, retrempe ses forces dans un repas champêtre venu fort à propos. Il est midi, et la matinée
a été rude.

Une dernière bouchée, et en route pour les
Pyramides ! Les pauvres petits Arabes, qui n'ont
pour régal ordinaire qu'un oignon et un fragment
de galette calcinée, feront honneur, après notre
départ, aux reliefs du pique-nique.

La cavalcade reprend son ordre de marche : les

chars se suivent, escortés par les cavaliers devenus
estafettes et transmettant de queue en tête de colonne les ordres du R. P. Bailly et du chef-drogman.
La route, large et bien tracée, est ombragée par des
acacias d'Egypte, et, dix kilomètres durant, nous
avons devant nous pour égayer le paysage une
plaine irriguée couverte de belles moissons, un
train de chameaux portant le déménagement d'une
tribu nomade, des Bédouins roulés dans leur manteau
et endormis au pied des arbres, des enfants, sans
manteau, hélas! courant après le bakchiche, et,
là-bas, les trois Pyramides découpant de leurs arêtes
le ciel bleu de l'horizon.

Les Pyramides! Encore un problème qui se pose
devant la science; et la science, pour l'une d'entre elles,
n'a su encore répondre que par un *peut-être*.

Il nous plaît de contrôler sur place l'exactitude
des mesures de Piazzi Smyth, l'astronome écossais,
et de le suivre dans ses appréciations raisonnées
sur la haute antiquité et les données scientifiques
de la grande Pyramide. Le décamètre de Ladislas
trouvera son emploi.

Le lecteur n'aura pas oublié que sur une ligne
nord-sud s'étendant de 29° 59' de latitude à 29° 17'
l'explorateur compte 38 pyramides échelonnées aux
bords de la rive occidentale du Nil. Toutes n'ont
point la même importance, la plus méridionale et
la plus petite ne mesurant en hauteur verticale que
9ᵐ 14, lorsque l'axe de la plus grande, celle qui nous
occupe, comptait, avant sa décapitation, 147ᵐ 80.

Nous savions que le revêtement en pierre calcaire
de Mokattam (qui dégage de ses pores, sous l'action
du soleil, un vernis de fer très résistant) avait été dé-
taché de la pyramide, il y a dix siècles, pour la construction du mur d'enceinte et des mosquées du Caire,
et que les assises du monument, mises à nu, avaient
perdu leur vive arête; mais nous ne les supposions pas
effritées à ce point. Ce me fut personnellement une
désagréable déception. L'aspect imposant de cette
masse n'écrase en réalité les spectateurs que lorsqu'ils
se trouvent au pied de ce colosse ayant une base de
232 mètres, et une hauteur actuelle de 138 mètres
(147ᵐ 80 si on ajoute la pointe qui a été détruite).
Les géomètres ont calculé que dans ses flancs on
pourrait enfouir la basilique de Saint-Pierre de
Rome avec sa coupole et sa colonnade sans laisser
paraître au dehors aucune saillie du gigantesque
édifice ; bien plus : si l'on voulait utiliser les 2 millions et demi de mètres cubes de calcaire compo-
sant ce bloc, on pourrait mener de front, de Marseille à Paris, *quatre* murs ayant chacun 2 mètres de
hauteur et 0, 50ᶜ d'épaisseur.

Voilà le volume de la grande pyramide que nos
compagnons de pèlerinage se mettent promptement
en devoir d'escalader avec les Arabes pour chevaux
de renfort ; à distance, c'est l'aspect d'un bataillon
de fourmis assiégeant un rocher. Ladislas est de la
partie, me faisant promettre toutefois d'attendre son
retour avant de m'engager dans les couloirs inté-
rieurs, car il sait que l'ascension me séduit moins que

la vérification des mesures consignées par Piazzi Smith dans sa consciencieuse étude.

Des éboulis s'élevant jusqu'à 12 ou 13 mètres cachent les premières assises ; mais nous savons que la base, qui mesure exactement 232 m. 15, repose sur une colline rocheuse préalablement nivelée et munie aux quatre angles d'un encastrement en plein roc pour recevoir les pierres angulaires de la pyramide. Nous savons aussi que les dix premières couches d'assises atteignent une hauteur de 16 m. 61, et que chacune d'elles a une épaisseur moyenne de 1 m. 30 ; la 3me compte 1 m. 42.

Que le lecteur ait la patience de nous suivre : il admirera, comme nous, des coïncidences curieuses ou des traces de génie dans la construction de ce monument, prototype de toutes les autres pyramides :

1° Si l'architecte avait eu la volonté, avec une pyramide de 232 m. de base, de donner à chaque triangle une superficie égale à un carré formé par la ligne de la hauteur verticale, il ne pouvait, au témoignage de John Herschel, choisir un autre angle de pente que 51°, 51' ; la corrélation eût été détruite avec toute autre inclinaison. — Or, l'angle de chacun des côtés mesuré sur des débris du parement primitif retrouvés au milieu des décombres est exactement de 51° 51'.

Est-ce génie ou hasard ?

2° On dit en géométrie que *la quadrature du cercle* est impossible parce qu'on ne saurait, avec la règle et le compas, construire un *carré* équivalent (en superficie) à un *cercle* donné ; mais l'architecte de

la Pyramide a indiqué la solution d'un autre problème : John Taylor nous apprend en effet que si on
traçait un immense cercle prenant pour rayon la
hauteur verticale de la Pyramide, le développement
de la circonférence serait égal au périmètre des quatre
côtés de la base du monument égyptien.

Est-ce encore hasard ou génie ?

3° La loi géométrique qui a procédé à l'élévation
de la pyramide donnait aux arêtes une proportion
de 10 sur 9 : c'est-à-dire que, partant de l'angle de
l'encastrement, l'arête de chaque côté de la pyramide s'avançait de dix mètres en sens horizontal vers
le centre du monument lorsqu'elle ne montait que de
9 mètres en hauteur ; les deux chiffres 10 et 9 sont
donc, ainsi qu'on l'a dit, « chiffres pyramidaux ».

Or, la hauteur verticale (147,80) multipliée par
ce double chiffre 10 et 9, ou 10⁹, donne un total de
147.800 000 kilomètres ou 36.900 000 lieues : c'est
exactement la distance moyenne de la terre au soleil.
L'architecte était-il astronome ?

Est-ce coïncidence fortuite ou calcul réfléchi ?

4° Se basant sur la direction des parois très polies
du couloir d'entrée, M. Piazzi Smith a constaté, et
d'autres observateurs après lui, que cette masse cou-
vrant cinq hectares de terrain est exactement orientée
dans le plan précis du méridien, avec un écart à peine
appréciable de 4 minutes d'arc (la quinzième partie
d'un degré). Or, le lecteur soupçonne-t-il la difficulté que présente la rigoureuse orientation méridienne d'un simple instrument astronomique que

l'on peut pourtant déplacer et rectifier après observations d'essai? Cette difficulté a été personnellement expérimentée par nous au jour de l'installation de l'Équatorial à l'observatoire des sourds-muets. — M. Flammarion en 1884 confirmait ces tâtonnements en exposant devant moi que la grande lunette de l'Observatoire de Paris avait dû subir, après plusieurs années d'usage, une rectification de méridienne.

L'établissement, dans la ligne du méridien, d'une semblable masse et sans rectification possible était œuvre autrement ardue. Quel est donc l'architecte astronome qui traça d'un coup d'œil si sûr la ligne méridienne de la grande Pyramide et prévint dans l'exécution d'un tel travail toute déviation?

5° Sur la façade nord, à 17 mètres de hauteur au-dessus de la base, est l'entrée du couloir qui donne accès à trois chambres intérieures situées dans l'axe de la Pyramide. La première est souterraine à 16 mètres de profondeur ; la deuxième, appelée chambre de la reine, est à 21 m. 84 au-dessus du sol ; et la troisième, nommée chambre du roi, est à la hauteur de 43 m. 68. Or, le couloir d'entrée est descendant, sous un angle de 26° 27, angle qui correspondait exactement à l'étoile polaire d'alors (α du Dragon), au moment de son passage inférieur au méridien.

Est-ce caprice de constructeur ? est-ce tracé intentionnel de savant ?

Et combien d'autres aperçus singulièrement étranges laissent l'esprit perplexe et l'inclinent à croire que

+*

la grande Pyramide, prototype des autres moins par-
faites, est le résumé d'une science d'autant plus avancée à cette époque lointaine qu'elle était riche encore
des traditions du premier âge de l'humanité!

Qui fut l'inspirateur de ce grand œuvre? Sphinx,
tu le pourrais dire ; mais, témoin discret de la merveille accomplie, tu demeures le silencieux gardien du
mystère.

Ladislas redescend émerveillé du sommet de la pyramide ; sur la plate-forme large de cent mètres su-
perficiels plusieurs groupes, après avoir sondé de ce
point élevé tous les horizons, depuis les collines de
l'Arabie jusqu'au désert occidental, ont redit le cantique de Marie et le chant des morts ; des pèlerins
français ne pouvaient oublier leurs frères de France
tombés les armes à la main dans la glorieuse journée
des Pyramides. Le pèlerinage de 1891 sera mieux
encore : il dressera là-haut l'autel du sacrifice.

Nous nous apprêtons à visiter les sombres caveaux
du colosse, ayant rencontré pour cette excursion
quatre autres compagnons de bonne volonté et deux
Arabes porteurs de torches, qui nous escorteront, l'un
en proue, l'autre en poupe.

Avant de nous enfourner dans ces étroits laby-
rinthes où ne circule ni air ni lumière, Ladislas s'en-
quiert, près du cher Frère Angelème, comment il
convient d'y entrer et d'en sortir.

« Sur le dos, ou à quatre pattes. »

Rien de plus vrai. La pente est si rapide, le granit
si glissant, que, d'instinct et par esprit de conserva-

tion de la personne, sinon des hauts-de-chausses, on
s'assied, les bras raidis contre les parois pour ralentir
la glissade, les talons cherchant à s'arc-bouter dans
les quelques rainures qui sillonnent le pavé. Sans
cette double précaution l'excursionniste filerai
comme un pli cacheté dans une boîte aux lettres, et,
manquant au passage la galerie qui remonte à la
chambre de la reine, arriverait moulu au fond du
souterrain avec une vitesse uniformément accélérée,
selon la loi de la chute des corps.

A mi-chemin de la descente nous croisons un autre
cortège qui nous avait précédés : c'est une dame qui
remonte le couloir, se traînant sur les genoux et les
mains, heureuse, nous semble-t-il, de revoir la lumière du soleil et de respirer à pleins poumons. Son
escorte se grossit en passant d'un pèlerin de notre
groupe qui renonce à poursuivre l'aventure : il
redoute l'asphyxie dans ce dédale où, l'imagination
aidant, on croit sentir peser sur sa poitrine deux millions de mètres cubes de granit et de calcaire.

Nous arrivons enfin sans trop d'avaries à la chambre de la reine. Là du moins on se redresse, et l'on
circule à l'aise dans cette salle mesurant six mètres
sur cinq, et sept de hauteur. Les chiffres de M. Piazzi
Smith se rapportant aux galeries, à la chambre de la
reine, et un peu plus tard à la salle royale et au sarcophage qu'elle contient, sont contrôlés et reconnus
exacts ; de même pour l'excentricité de la niche rectangulaire creusée dans la paroi orientale, et pour la
feuille de granit de l'antichambre de la salle du roi,

chiffres qui précisent, avec les dimensions exté-
rieures, la *coudée* pyramidale (0,635 m), étalon de
mesure de la colossale construction.

Nos guides font observer sagement que les
torches bientôt s'éteindront et qu'il est prudent de
songer à la retraite. Nul n'est soucieux d'attendre
les ténèbres en un semblable caveau, et chacun, se
traînant et rampant, se hâte vers la porte d'entrée.

Une visite aux Pyramides a pour complément
obligatoire une promenade autour du *Père de l'épou-
vante*, Abou-el-Houl, le Sphinx, gardien des tom-
beaux. C'est un banc de rocher de 45 mètres taillé
en forme de lion accroupi, que surmonte une tête
humaine mutilée par le fanatisme arabe, mais qui
conserve encore dans ses débris un reste de noble
fierté, de sereine puissance. Sa hauteur est de 20 mètres, et entre ses pattes mollement allongées sur son
piédestal les peuples avaient élevé un autel.

Les sables l'ont envahi ; la tête seule émerge au-
dessus de ces vagues que soulève parfois le vent du
désert.

Tout près, est le temple du Sphinx ou plus pro-
bablement le vrai tombeau du roi Chéphren, constructeur de la grande Pyramide. C'est au travail persévérant, aux fouilles savamment conduites de Ma-
riette que les égyptologues doivent cette exhumation.
Un couloir de 20 mètres conduit à une salle principale qui mesure 25 mètres sur 7 m. de largeur, et à
une seconde, perpendiculaire à la première, de 17 m.
sur 9. Des piliers monolithes de granit rose encore

debout, hauts de 5 mètres et larges de 1m. 40, portent
des architraves longues de 3 m. ; elles étaient les sup-
ports de dalles résistantes d'albâtre formant plafond.
Les arêtes vives de ces blocs de granit polis comme le
marbre accusent un travail très soigné. C'est dans le
puits creusé au milieu d'une troisième salle que Ma-
riette a découvert les débris de neuf statues du roi
Chéphren.

En souvenir de cette visite, Ladislas, songeant au
modeste musée de l'Institution de Poitiers, enfouit
au fond de ses poches quelques fragments minéra-
logiques : calcaire de la Pyramide et du Sphynx, —
pierre *oxydée* du revêtement, — granit rose et albâtre
du tombeau de Chéphren.

Après une journée si bien remplie, le retour au
Caire ne fut incidenté que par la chute de l'un des
chevaux d'attelage et la rupture d'une flèche de chariot, accident qui ajouta, pour quelques pèlerins, aux
fatigues précédentes la peu attrayante perspective
d'une longue promenade à pied, et à marche forcée
— s'ils veulent ne pas laisser refroidir le dîner qui les
attend au Pensionnat des Frères. Ils auront du moins,
comme dédommagement, un instant de repos à la
fontaine du jeune Moïse (île de Roda), et à la colonie
des *Noirs du Soudan* qui tentent, sous la direction
de saintes Religieuses, un essai de culture et, ce qui
vaut mieux encore, de vie chrétienne : c'est, en rac-
courci, une copie des réductions du Paraguay.

Le lendemain était la fête du Patronage de saint
Joseph. Il entrait dans le programme de vivifier tous

ces souvenirs profanes de la veille par les traditions bibliques et partant plus consolantes de Matarieh : c'est le but de notre excursion matinale du dimanche 28 avril. L'arbre de la Sainte Famille, la source vénérée, le jardin du Baume, la grotte de Lourdes, et, à quelque cent mètres, l'obélisque d'Héliopolis : voilà un digne emploi de l'avant-midi.

En 20 minutes un train de banlieue qui suit l'ancien tracé du Caire à Suez nous débarque dans un village arabe noyé au milieu des restaurants, cafés, jardins de plaisance, tels qu'en fait surgir la civilisation européenne autour des grandes cités : c'est Matarieh. Une tradition constante, dont on relève les traces jusqu'aux premiers siècles, fixe en ce lieu le séjour de la Sainte Famille pendant son exil en Egypte. Si le sycomore (ou figuier de Pharaon) qui étend sa large ramure derrière une palissade protectrice n'ose revendiquer une vieillesse de 18 siècles, l'histoire, — la légende si vous le préférez, — rattache aux racines, toujours survivantes de l'arbre après la destruction du tronc (1), le souvenir de la Vierge de Juda se reposant sous cet ombrage, et de Jésus enfant faisant jaillir une source merveilleuse, là où une double *noria* amène actuellement à fleur de terre les bienfaisantes eaux de l'ancien jardin du Baume.

Plusieurs autels dressés pour la circonstance

(1) « *Les rameaux ont des ans, sa racine a des siècles*, chantait un poëte du pèlerinage.

autour de l'arbre voient descendre, au même lieu
qu'autrefois, le divin *fugitif* d'Hérode : puisse-t-il,
une fois encore, par sa seule présence briser les
idoles des faux dieux et relever de ses ruines l'antique
monastère de Saint-Apollonien, qui eut la gloire
de compter dans ses cellules jusqu'à 500 Religieux !

Le traditionnel *frustulum* nous est gracieusement
offert par les RR. PP. Jésuites, custodes attitrés
du sanctuaire ; et, bientôt disant adieu à cette oasis
où l'oranger, le bananier et les larges clochettes du
bougainvillier trouvent un sol fécond, nous allons
contempler l'obélisque, seul témoin encore debout
des vieilles gloires d'Héliopolis. Cette aiguille de
pierre contemporaine de Joseph et de Moïse, et sœur
du monolithe que l'on voit à Rome sur la place du
Vatican, mesure 19 mètres au-dessus du sol, mais
descend en terre de six ou sept mètres. Le sommet
portait un revêtement de cuivre, et les quatre faces
ont reçu en caractères hiéroglyphiques une même
inscription toute à la gloire du Pharaon d'alors, un
certain Kakhéperka.

Cet hosannah dithyrambique, adressé à un obscur
monarque d'Egypte, nous intéressait moins que le
souvenir du brillant fait d'armes de Kléber, oppo-
sant à 70.000 mamelouks son invincible bataillon
carré de 10 000 Français, le 19 juillet 1799.

Nous nous agenouillons, récitant la prière des
morts pour les braves qui ont succombé.

Nous revenons à la gare, franchissant les talus qui
marquent l'ancienne enceinte d'Héliopolis, mais

retrouvant avec volupté l'ombrage des acacias plan-
tés au long de l'avenue.

Avant l'heure du train, une curiosité bien innocente, mais que Ladislas estimait cher payée, nous
procura les âpres jouissances d'une excursion en
plein Sahara, sous les flammes d'un soleil sans pitié.
Le but, c'était la visite d'un parc où 600 autruches
vivant dans une liberté factice sont exploitées en
coupes réglées pour la plus grande satisfaction des
modistes et de leurs élégantes clientes. Ce volatile
(l'autruche) orné de son blanc et soyeux plumage fait
encore bonne figure dans le monde des échassiers ;
mais nous eûmes la mésaventure d'arriver au lendemain de la cueillette de ce duvet si prisé, et ce fut
une amère déception de se trouver en présence de
gigantesques..... alouettes toutes déplumées, n'attendant plus, semblait-il, que la broche du chef
cuisinier.

Un trait de mœurs arabes, bien nature et pris sur
le vif, nous dérida au retour. Un âne sans cavalier,
subissant plus que de raison peut-être l'action énervante du soleil, se couche à travers le chemin et
reste sourd aux objurgations gutturales de son moukâri : embarras et colère de ce dernier qui va perdre
l'aubaine du transport d'un voyageur du parc à la
gare. Cédant à un bon mouvement, Ladislas et moi
prêtons main-forte au jeune Arabe, et, soulevant le
bourriquet (qui par les oreilles, qui par la queue),
nous le remettons non sans peine sur ses pattes.
Tout service mérite salaire. Que fait le fils

d'Ismaël ? — « Bakchiche ! signor », et il tend la main... Que voulez-vous ? La force de l'habitude ! — Ce fut son grand merci !

Nous quittons enfin la capitale de l'Egypte, le lundi 29 avril, après un rapide pélerinage au vieux sanctuaire des coptes schismatiques qui nous avaient autorisés, par une bienveillance inespérée, à célébrer la Messe dans la crypte où se conserve aussi le souvenir de la Sainte Famille. Nous emportons de notre hospitalité au Caire des émotions que le cœur n'oubliera pas ; longtemps retentiront à nos oreilles les souhaits de bon voyage du vénéré Frère Gervais, et l'adieu sympathique du capitaine des milices ottomanes, député à notre garde par le pacha : « A la France chrétienne ! » Ceci nous surprendrait si nous ne savions que ce loyal soldat, ancien élève du lycée d'Aix, et docteur-médecin, se fait un religieux devoir de donner le baptême aux enfants moribonds près desquels il est appelé ; chrétien, il exerce autour de lui l'apostolat des œuvres.

Le même train *spécial* ramène les pélerins à Alexandrie ; aux gares d'arrêt Ladislas retrouve les nègres aussi noirs, les Arabes aussi malpropres, les citrons et les dattes aussi peu appétissants : c'est la réédition du premier voyage, moins l'attrait du nouveau.

Un *satisfecit* cependant à l'administration ! Elle a donné ses ordres pour nous conduire jusque sur le quai d'embarquement par la voie spéciale qui des-

5

sert les docks d'Alexandrie. Nous mettons pied à
terre en face le « Poitou » ; sa machine est sous
pression, et les appels réitérés de la sirène nous font
comprendre qu'il n'est que temps de lever l'ancre, si
nous voulons sortir du port aujourd'hui même ;
après six heures il serait trop tard, le port est fermé.

Tous nos amis d'Alexandrie sont là, groupés, affectueux, les mains tendues : pensionnat des Frères,
collège des Jésuites, écoles des Sœurs de Saint-
Vincent-de-Paul, colonie française, etc. Les marches
triomphales des fanfares alternant avec les chœurs
nous redisent, ce que nous savions déjà, que les
pèlerins de la Pénitence ne sont plus des étrangers
dans la ville de Catherine et d'Athanase ; le commandant de l'escadre anglaise, mouillée dans les
eaux d'Alexandrie, vient lui-même avec son aumônier faire visite à bord du « Poitou ». Tout nous
laisse espérer qu'un souffle de foi a fait tressaillir la
vieille Egypte et qu'une semence a été jetée sur cette
terre préparée déjà par les labeurs de nos Religieux-
Apôtres.

Six heures vont sonner. A peine le dernier pèlerin
a-t-il mis pied sur le bateau que la passerelle est
levée. Le dernier pèlerin ? Hélas ! non. Alexandrie,
comme Marseille, aura ses retardataires (trois, cette
fois) retenus au bureau de poste par le dépôt des
correspondances. Leur absence n'est constatée
qu'après le départ ; ils nous rejoindront à Jaffa.

En route pour l'Asie ! Terre d'Egypte, adieu !

CHAPITRE X.

D'AFRIQUE EN ASIE.

Pour vingt-quatre heures nous redevenons les hôtes du « Poitou » ; chacun reprend, hélas ! son ménage de cabine, retrouve, s'il le peut, cœur solide et pied marin pendant que le commandant met le cap sur la Palestine. Les pèlerins sont accoudés à l'arrière du navire, et leurs regards s'attachent longtemps aux feux de la côte qui s'éteignent graduellement noyés dans la brume de la terre africaine, mais devant bientôt reparaître sous une autre forme dans un sillage *phosphorescent*, phénomène nouveau pour Ladislas. La frange d'écume que l'éperon, fendant les flots, fait perler au blindage du navire étincelle sous le frétillement des infusoires, des annélides dont elle est peuplée. Mais c'est au bouillonnement de l'hélice que le phénomène est dans toute sa beauté : l'eau, violemment chassée par les ailettes, tourbillonne, et

l'on voit, remontant à la surface, des disques lumineux larges d'un mètre, qui tournoient sur eux-mêmes
à la façon du *volvox globator* si connu des micrographes, et s'en vont, éclairant au loin le sillon que
le « Poitou » laisse derrière lui.

Ladislas est au regret de n'avoir point dans ses bagages son microscope d'étude pour expérimenter si
la phosphorescence de cette nuit est due à de vérita-
bles infusoires, ou plutôt à la présence de liquides
excrétés par le merlan, la méduse phosphorique, etc.;
cette double cause produit le même phénomène.

Il faut s'arracher au spectacle et renoncer à la fraîche brise de mer qui fouette notre visage ; le couvre-
feu a sonné, le lit de Procuste attend son patient.
Entre temps, le navire remontant la côte dépasse
bientôt Aboukir, Rosette, Damiette, Port-Saïd. Demain nous voguerons dans les eaux d'Asie. La Palestine est là, bien près : tous ont hâte de la saluer.

La journée suffit à peine au classement des bagages. Ciel ! quels flots de sacs et de malles vomissent
les flancs du « Poitou » ! Chaque colis reçoit son éti-
quette de destination imprimée en *gras* caractère :
CAÏFFA, JAFFA, JÉRUSALEM. Toutes les précautions semblent prises pour éviter les fausses directions ; mais
demandez à l'architecte de Notre-Dame de France
par quelle mésaventure sa valise (avec ses compas et
ses instruments d'ingénieur) est restée à fond de
cale? Le diable soupçonnait-il ce que la continuation
de l'œuvre de l'hôtellerie attendait de la pochette et
des crayons de M. l'abbé Brisacier ? Le *malin* a pu

de dépit en ronger ses griffes : les plans projetés n'en ont pas moins vu le jour.

Encore quelques heures, et le phare du Carmel, comme l'étoile de l'espérance, va briller à l'horizon. Nous sommes au nord de la Palestine.

Caïffa ou Héfa est le port de débarquement pour visiter la Galilée ; *Jaffa*, pour la Judée.

Dans une dernière réunion à la chapelle du « Poitou », chacun essaie de faire revivre par la pensée les souvenirs bibliques, religieux et profanes se rattachant au Carmel, ce mont fleuri qui partage, avec Bethléem et Nazareth, le privilège d'avoir conservé, au milieu de la désolation et des ruines, un reste de grâce et de fraîcheur.

C'est là que le prophète de Thesbé, Elie, dont la puissante parole et les œuvres faisaient trembler sur leur trône Achab, Jézabel, Ochozias, confondit les prêtres de Baal, attirant sur eux le juste châtiment de leur imposture ; — c'est sur ce sommet que le même prophète vit une nuée mystérieuse s'élever de la mer vers le ciel, après les trois années de stérilité, symbole de la pluie de grâces que Marie devait apporter au monde. — Là, encore, la Sunamite en larmes vint supplier le prophète Elisée de rendre à sa tendresse le fils qu'une insolation mortelle venait de lui ravir. — Dans ces grottes profondes baignées par le flot de la mer s'étaient assemblés ceux que les Livres saints appellent les *fils* ou *disciples des prophètes* et vers lesquels, en l'absence des lévites tous réunis à Jérusalem, accouraient les foules de Samarie et de Galilée pour

célébrer les fêtes du Seigneur et s'instruire de sa loi.
A cette école des prophètes qui remonte jusqu'à Elie
se sont formés les groupes religieux désignés plus
tard sous le nom de Réchabites (réformateurs), Essé-
niens (contemplatifs), Thérapeutes (consacrés au
culte) et disciples de Jean.

Ce souvenir du grand prophète qui vivait 900 ans
avant Jésus-Christ a laissé des traces même dans
l'antiquité païenne, et la grotte d'Elie au mont Carmel fut visitée par Pythagore qui vint s'y recueillir,
comme de nos jours encore on y voit prier Turcs,
Druses, Juifs et Arabes.

Aux temps évangéliques, d'après une tradition lo-
cale, saint Joachim et sainte Anne auraient eu sur le
Carmel une habitation pour leurs pasteurs ; et la
Sainte Famille s'y serait reposée au retour de l'exil.
Là, fut élevé le premier sanctuaire en l'honneur de
Marie, et sur ce mont béni vinrent s'agenouiller au
cours des siècles saint Spiridion, saint Grégoire de
Nazianze, sainte Hélène, Jean Sylvanus, saint Cyrille
d'Alexandrie, Jacques de Porphyre (Caïffa), saint
Berthold, saint Simon Stock, l'apôtre du scapu-
laire, saint Louis roi de France, saint François
d'Assise, etc.

Quelle pléiade de noms illustres autour de la
grotte du Prophète, autour des autels de la Vierge !

La prière du soir à peine achevée, nous apercevons
à notre droite les feux de la rade de Caïffa et, au-dessus, le phare du Carmel. La Terre Sainte, elle est là;
elle se présente à nous sous les auspices de Marie, qui

reçoit le salut des pèlerins par le chant enthousiaste du *Magnificat*. Le navire est à l'ancre et demeure au large ; il est trop tard pour débarquer.

En cabine la nuit fut courte. A 2 h. 1|2, Ladislas m'assistait à la Messe ; l'émotion, la joie, l'impatience avaient chassé le sommeil. Des barques accostent le « Poitou » dès six heures; et chacun est libre d'aller fouler le sol béni, but d'un aussi lointain pèlerinage.

La petite ville de Caïffa (8.000 habitants) est d'un aspect riant et coquet; elle s'étage du bord de la mer au promontoire que domine le Carmel et, à travers les cactus gigantesques, les chênes-kermès, les caroubiers, les térébinthes et autres arbustes attachés au flanc de la montagne, l'œil peut suivre le tortueux sentier qui conduit au monastère, à 150 mètres d'altitude. De jeunes enfants des Frères, en congé ce jour-là, nous offrent leurs services, mettant une indiscrète insistance à nous débarrasser de nos légers bagages. La route cependant est longue, assez escarpée ; il semble superflu à quelques pèlerins d'ajouter, pendant la procession, au poids de la chaleur la charge d'une valise ; comme eux, nous faisons choix d'un jeune commissionnaire, maigrelet, les yeux vifs, d'une figure intelligente ; il nous intéressait avec son jargon arabe, ses pieds nus, sa petite robe jaune clair rayée de brun. Trottinant à nos côtés, il cherchait, le pauvre enfant, à nous apitoyer sur son infortune, nous racontant, sans doute, en sa langue maternelle la misère de son foyer. Se voyant incompris, il tradui-

sit, chose étrange, par une mimique expressive sa
pathétique harangue, empruntant inconsciemment
les signes du sourd-muet de nos écoles françaises
pour nous faire comprendre les trois idées : *père —
mort — cinq jours.* Pour le mot *père*, il porta la main
à son menton avec le geste d'un homme grand se ca-
ressant la barbe ; pour l'idée de *mort*, il croisa les
bras sur la poitrine, les mains remontées jusqu'à la
figure, et indiquant par un geste le suaire qui enve-
loppait le cadavre et recouvrait la tête ; de même pour
cinq jours, comptant avec ses doigts, 1, 2, 3, 4, 5, il
inclinait la tête simulant le sommeil: un sourd-muet
n'aurait pas traduit autrement sa pensée. Ladislas en
était tout joyeux, et le bakchiche naturellement se
ressentit des sympathies éveillées par le pauvre or-
phelin.

Traversant Caïffa, une halte rapide nous permit de
prier dans l'église paroissiale, et de dire à la vénérable Supérieure des Dames de Nazareth notre joie de
rencontrer des Religieuses françaises à notre premier
pas en Terre Sainte ; avec les Frères des Écoles
chrétiennes elles sont, sur ce point avancé, les porte-
drapeau, les éclaireurs de nos œuvres et, partant, de
notre influence.

Le couvent du Carmel, toujours très hospitalier,
attendait les pèlerins. La chapelle et le monastère
ont été reconstruits, il y a 60 ans, sur les ruines que
le fanatisme musulman avait accumulées dans le but
d'anéantir toute trace de l'ancien sanctuaire, et notamment de la célèbre basilique élevée par saint Ber-

thold au xiie siècle, et rééditiée cinq siècles après par Prosper du Saint-Esprit. L'incendie, le pillage, le meurtre ont souvent attristé ce mont dont les Livres sacrés se sont plu à redire la fécondité et la grâce : *Decor Carmeli et Saron.* — Les RR. PP. Carmes y ont eu leurs martyrs ; la France aussi. Entre ces murs, sur cette terre que recouvre une verdoyante pelouse, ont été massacrés, en 1799, les malades e les blessés abandonnés par Bonaparte, après le siège malheureux de Saint-Jean-d'Acre.

Leurs ossements, pieusement recueillis par les Religieux, reposent dans le jardin du couvent sous une pyramide que le commandant Grivel, à la tête de l'équipage de son navire de guerre, fit orner d'une croix en fer ciselé le 18 juin 1876 ; ils recevront ce matin notre visite et nos prières ; un autel sera dressé près du modeste monument qui recouvre les cendres françaises et, pendant le Sacrifice, quatre cents pèlerins chanteront le *Parce defunctis.*

A la porte de la chapelle deux cavas (suisses ou laquais de ces pays d'Orient) sont debout en tenue d'ordonnance : pantalon bouffant serré à la cheville, veste-zouave agrémentée de passementerie, tarbouche soutaché d'arabesques, sabre recourbé comme le cimeterre des mameloucks. Ils nous indiquent avec politesse l'entrée des cloîtres transformés pour l'heure en salle de campement, car au long des murailles et sur les dalles sont alignés des matelas qui deviendront *divans* pendant la sieste et, pour la nuit, couches fort acceptables. Ces excellents Religieux ont

dressé sur une éminence voisine une vaste tente destinée aux fraternelles agapes de leurs hôtes.

Ladislas, l'un des premiers arrivés, a déjà fait
choix de son lit, et en attendant la complète installation des autres pèlerins, il m'entraîne sur la terrasse.
L'horizon est immense. De l'extrême pointe qui domine la mer l'œil en embrasse le cercle complet : devant nous, une tache sombre sur les flots bleus, c'est
la carène du « Poitou » ; à nos pieds, Caïffa et la longue procession qui serpente aux flancs du mont, laissant arriver jusqu'à notre oreille l'écho affaibli de
ses chants; à notre droite, la ligne arquée du golfe de
Ptolémaïs, et aux deux cornes, Caïffa et Saint-Jean-
d'Acre ; derrière nous, les murs du couvent, épais e
crénelés comme les bastions d'une forteresse, et par
delà, les massifs du Liban et les collines de la basse
Galilée ; à notre gauche enfin, les vallées étroites qui
conduisent à la plaine d'Esdrelon, au torrent du Cison, à Nazareth. Et tout ce panorama, doré par les
tons chauds d'un soleil d'Orient, baigne dans une
lumière d'une merveilleuse transparence.

Les derniers pèlerins, tout essoufflés, ont franchit
le seuil du monastère : nous rentrons à la chapelle,
et d'une tribune réservée Ladislas assiste avec moi
au chant de l'office célébré par les prêtres de Lyon à
l'autel majeur qui est construit sur la grotte d'Élie.
Les paroles du *Credo... Et incarnatus est ex Maria
Virgine*, chantées sur ce mont où le prophète, neuf
siècles avant le mystère, eut dans la nuée symbolique
la claire intuition de la maternité divine, laissent

l'âme doucement émue, et le pèlerin est consolé de pouvoir glorifier et implorer Marie dans un sanctuaire qui a reçu les hommages de vingt-huit siècles écoulés. L'intérieur de la chapelle est une rotonde ouverte aux quatre points cardinaux par les bras réguliers d'une croix grecque, et c'est au fond, à l'orient, qu'a été taillée en plein rocher la célèbre grotte qui mesure environ 5 mètres de largeur sur 3 de profondeur. L'orgue, de facture italienne sans doute, nous fait entendre, au milieu des jeux d'anches et des registres de récit, un singulier accompagnement de triangle, tambourin et clochettes ; seule la grosse caisse manque à cet orchestre... trop complet, à mon humble avis.

Après une seconde Messe à la pyramide de nos soldats, et le déjeuner qui suivra, on sonnera le boute-selle, opération d'une certaine importance. Le groupe *Samarie*, appelé à fournir les plus rudes étapes, choisira naturellement ses montures, abandonnant au menu fretin, je veux dire aux groupes secondaires de *Tibériade* et de *Nazareth*, les chevaux, cavales, bourriquets, de moindre valeur et de moindre plumage — si le lecteur me permet d'appeler de ce nom le harnachement quelque peu primitif de cette cavalerie amenée du désert. — Les « Tibériade » et « Nazareth » ne sont nullement jaloux de cette préférence : elle est de droit. Eussent-ils mauvais caractère, ils se seraient consolés à la pensée que pour les uns et les autres, ce choix a juste les chances d'un billet de loterie : « chez bêtes et gens, dit le pro-

verbe, apparences sont trompeuses. » Aussi avons-
nous résolu, Ladislas et moi, de tirer dan 'e tas...
au *jugé*, au *petit bonheur*. N'ayant point   la pré.
voyance, comme tels et telles, de nous en .rrasser
d'une selle française, nous nous exposons à la mal-
chance, prévue du reste, d'avoir à la main pour rênes
un modeste licol, et sous le pied pour étrier, une cordelette doublée à l'arçon du... mannequin qualifié
selle arabe.

Cet attirail sera pour demain, car commencera la
grande chevauchée. Mais en cette première journée
au Carmel, il nous reste jusqu'à la nuit quatre heures
encore : « — Qui vient à l'école des prophètes ? à la
« fontaine d'Elie ? à la vallée des martyrs ? aux
« ruines de Saint-Brocard ?...

Ladislas, toujours de conciliante volonté en pareil
cas, enfourche un petit baudet de Palestine qui ne
possède ni l'ardeur ni la coquette allure des ânes
du Caire ; trois amis et moi sur semblable monture
complétons la cavalcade, nous défiant, non sans raison, des conseils des intrépides qui estiment les dis-
tances à vol d'oiseau, et auguraient une promenade à
pied, terminée en une demi-heure. L'extrême chaleur,
la figure exténuée des trop confiants marcheurs et
marcheuses arrivant au but, n'étaient point de nature à nous faire regretter cette détermination.

L'école des prophètes n'est plus qu'une grotte de
13 mètres sur 8, devenue mosquée sous la garde d'un
Santon (ministre musulman). Une heure entière de
chevauchée à travers des sentiers abrupts et au fond

de gorges sauvages nous conduit à la vallée Ouâdi es-
Seiah, rendue célèbre par le martyre de plusieurs religieux Carmes, et, quelques minutes plus tard, à la
fontaine d'Élie (Aïn es-Seiah). Les frais ombrages
de la source nous séduisent plus, peut-être, que la
limonade suspecte d'un gargotier arabe ; nous renonçons prudemment à l'un et à l'autre, renvoyant à des
temps ultérieurs les risques d'un refroidissement.
Les souvenirs du prophète sont conservés en ce lieu
par un petit oratoire qui porte sur son autel la statue du « voyant », El Khedher, disent les musulmans.

Apprenant que les ruines du couvent de Saint-Brocard ne présentent aux pèlerins que médiocre intérêt,
nous rebroussons chemin, suivis par un long chapelet de piétons qui estiment suffisante cette partie de
la promenade.

Un incident de chasse et un accident marquent au
retour cette première excursion.

Longeant un bouquet de chênes-kermès, nous
voyons à cinq pas deux gentilles gazelles traverser
notre sentier, et, dans leur effroi, rapides, gagner la
plaine. En trois bonds elles sont déjà loin de nous.
Mais une fosse profonde est là, devant les fugitives :
la première s'élance et d'un vol hardi franchit l'obstacle. Sa compagne, plus jeune ou plus effrayée, cal-
culant mal son élan, retombe dans la fondrière. Ladislas n'a rien perdu de la scène. Activant sa monture du talon et de la pointe de son parasol, il pour-
chasse la prisonnière qui, soupçonnant le danger

s'efforce par des bonds désordonnés de quitter sa
prison. Ses efforts l'épuisent. Mangerons-nous ce
soir un gigot d'antilope ? Pourquoi non ? Ladislas et
deux autres pèlerins vont cerner la fosse... Ils arri-
vent... mais trop tard ! La jambe fine et nerveuse de
la gazelle se détend comme un ressort d'acier ; de ses
sabots de devant, elle retombe sur le talus, bondit
encore. Elle est sauvée... et nos chasseurs *bredouille!*

Le second événement avait note plus sérieuse. Un
Révérend Père Dominicain, préludant à la longue
étape annoncée pour le lendemain, essayait son cheval. Est-ce témérité ? Est-ce inexpérience ? Il est dés-
arçonné par sa bête rétive et confié aux soins d'une
Religieuse, garde-malade, qui dut recoudre sur le
crâne quelques lambeaux déchirés. L'accident, heureusement, n'eut d'autre suite qu'un repos forcé de
quelques jours chez les Pères Carmes, repos qui priva
le blessé de l'excursion à Nazareth et à Tibériade.

Nous sommes au soir du 30 avril. A cette même
heure où dans tout sanctuaire se pressent nos amis
de France pour l'ouverture des exercices du Mois de
Marie, les pèlerins de la Pénitence déposent leur
filial tribut aux pieds de la Vierge du Carmel, et cet
hommage est suivi du premier Salut eucharistique
qui sera notre manne quotidienne, sur cette terre
promise, jusqu'au jour du départ.

Une seconde fois la grande tente, pour le repas du
soir, abrite les 400 convives ; la vaillante Sœur José-
phine, appelée par gratitude Sœur *Camomille*, inau-
gure ses fonctions en versant généreusement dans

chaque coupe..... le remède curatif et préventif. Que Dieu vous le rende, chère Sœur !

La Providence — servie en cette occasion par une respectable pèlerine — ménageait, non plus à notre estomac mais à nos yeux, une délicate surprise. Ladislas vous a-t-il dit, ami lecteur, que le phare du Carmel, de 3ᵐᵉ ordre, l'un des plus beaux de la Méditerranée, était confié par le pacha à la sollicitude des Pères Carmes qui se trouvent ainsi, officiellement, les éclaireurs de toute cette côte d'Asie ? Or, sur le terre-plein de la tour, un feu d'artifice est préparé avec ses fusées, ses pièces tournantes, sa grande croix de Jérusalem, ses feux de Bengale, etc. Grande fête pour tous, excepté pour les 300 chevaux campés en plein air, et qui, de terreur, piaffent, hennissent à la lueur des jets brillants et à la détonation des pétards.

Digne couronnement d'une belle journée. Il est dix heures, et à minuit les Messes commencent : allons nous jeter sur nos grabats.

CHAPITRE XI.

On dort bien... mais vite au couvent Saint-Elie.
Couchés à dix heures, nous étions debout à 1 heure
et demie, désireux de célébrer la Messe sans longue
attente au sanctuaire du Carmel. Précaution prudente qui nous permit un second repos jusqu'à 5
heures. Une rencontre fortuite me mit en rapport
avec un vénérable Père, chargé, je vous le dis confi-
dentiellement, de faire apprécier aux pèlerins la bien-
faisante liqueur et le précieux élixir du monastère,
Providence des voyageurs ! Au pensionnat du Caire
nous avions été salués par un Frère connu de nous, à
Poitiers ; le Carmel nous fait serrer la main d'un
bon Religieux neveu de la Révérende Sœur Saint-
Patrice, des Filles de la Croix (1), dont j'avais admiré
le zèle et l'expérience dans ses inspections de classes,
aux premières années de mon ministère paroissial.
De son côté, Ladislas a le loisir de lier conversation
avec de jeunes Arabes qui promènent, en étalage
volant, *coufiehs*, *cravaches* et *burnous* ; collec-

_____

(1) A la Puye (Vienne).

tionneur d'autographes, il sollicite de ces camelots des
signatures, en partie double (françaises et arabes),
sur une page blanche de son carnet : *Abahym
Sayoun, Moïse Houri, Carim Abyad.*

Le départ est à six heures ; voici le moment critique pour les « Tibériade » et les « Nazareth ». Les
Samaritains, dès la veille, ont arrêté leurs montures ;
à notre tour, dans le solde qui reste, choisissons les
nôtres. Choix peu varié ! Pendant que vous toisez la
bête, vous êtes concurremment toisé par l'œil soup-
çonneux du moukre propriétaire ou répondant du
cheval. Avez-vous mine fluette ? buste de jockey ? Le
conducteur vous fait visage souriant : *Ahhsine, bono,
signor, bono.* Ce qui, à bon entendeur, veut dire :
poids léger pour ma bête, tant mieux ! Etes-vous
affligé au contraire d'un peu plus... d'étoffe ? « Fils
du désert, ton cheval, bono ? bono ? ». — « Pas bono,
signor, pas bono. » Et voilà comme quoi, au témoignage peu désintéressé de nos moukres, Ladislas
avait la fine fleur des chevaux de course, et moi, la
rosse la plus rétive du régiment. A vrai dire, les deux
bêtes ne méritaient :

> Ni cet excès d'honneur ni cette indignité.

Elles étaient dans l'honnête moyenne quant aux
qualités intrinsèques ; le harnachement était à peu
près au complet.

« En selle, et chacun derrière son fanion !... » C'est
le mot d'ordre. Les selles arabes, celle du moins qui

5*

me portait, présentent un tel volume que pour prendre pied sur les étriers qui pendent, par des cordes,
au ras des flancs du cheval, le cavalier doit faire
jouer contre nature l'articulation du genou; la situation n'est brillante que pour les bancals et les jambes
fortement arquées. La trompe sonne. En avant...
marche, et le défilé commence, groupe par groupe :
Samarie d'abord, *Tibériade*, et enfin *Nazareth*. C'est
la grande chevauchée.

Le départ est silencieux : il semble que chacun
de nous ait dans l'oreille encore les avis si sages, si
pratiques du cher Frère Liévin, auxquels l'accent
étranger et quelques licences littéraires, fort excu-
sables chez un Belge, ajoutaient un nouveau charme:
« Il est défendu de *galôper; si vous galôpez*, le pèle-
« rinage ira mal. Il y en a qui frappent le cheval. Ne
« frappez pas le cheval. Si vous voulez frapper, frap-
« pez la personne qui *galôpe*, mais non la bête qui
« est dessous » (*sic*).

Ainsi dit,... et compris.

Personne au demeurant n'essaie, dès le début, de
transgresser la défense; nous redescendons à Caïffa
par le raide sentier que, piétons, nous avons gravi
hier matin, et l'idée d'un temps de galop à travers
les casse-cou de la montagne ne germe en aucune
tête. Mais, au bas, dans la plaine, ne jurons de rien :
quelque téméraire voudra *galôper*, et frappera « *la
bête qui est dessous* ».

Le couvre-nuque en tête, le manteau flottant, les
pèlerins s'égrènent, déroulant aux flancs de la mon-

tagne un long ruban, et parce que nous allons de la
Vierge du Carmel à la Vierge de l'Annonciation, chacun chemine, le rosaire à la main, murmurant l'*Ave*.

A Caïffa, les groupes se reforment, et chaque
escouade laisse librement aller sa monture ou sur
la chaussée, pierreuse encore, insuffisamment frayée
de la route qui conduit à Nazareth, ou sur les berges
gazonnées qui la bordent des deux côtés. Celles-ci
naturellement ont nos préférences: le trot du cheval,
plus doux, soulève moins de poussière. La marche
sous un brûlant soleil, si monotone qu'elle soit, est
égayée par plus d'un incident et par l'allure médio-
crement martiale de certains cavaliers qui comptent
aujourd'hui leur première leçon d'équitation. Tel
personnage obèse écrase de sa masse un malheureux
baudet qui ne consent à hâter le pas que lorsque sa
queue, devenue aux mains du moukre une mani-
velle d'orgue de barbarie, transmet aux fibres de son
cerveau la volonté du maître; tel autre perché sur
un superbe étalon subit, à son corps défendant, le
galop du coursier, se cramponnant à la crinière de
son bucéphale, et peu rassuré sur les suites probables d'une chevauchée de neuf heures.

L'ombrelle ou le chapeau échappe dix fois au
cavalier novice; autant de bakchiches pour l'Arabe
qui guette sa proie et ne la rend que contre espèces
sonnantes.

Nous traversons plusieurs villages d'aspect misérable; ils ont pour ceintures des haies de cactus
dressant leurs grands bras décharnés et tout pou-

dreux d'une blanche poussière qui ne sera lavée qu'aux premières pluies d'automne. Autour de nous sourdent de minces filets d'une eau saumâtre qui vont alimenter ici et là quelque étang fangeux. C'est chose si rare, en ce sol desséché de la Palestine, que le cheval de Ladislas ne peut résister à l'attrait d'un bain rafraîchissant; il s'élance, et, malgré le mors et la cravache, il va plonger avec délices... dans une boue liquide. Malheureusement le cavalier est de moitié dans l'affaire. J'accours pour le sauvetage. Ciel! quel pantalon et quel burnous!

Au passage du Cison, même aventure pour un second pèlerin : l'âne se couche au beau milieu du gué, et bain de jambe obligatoire pour le pauvre abbé en piteuse situation. Le soleil heureusement a bientôt fait de sécher le costume, sinon de lui rendre sa primitive blancheur.

Le Cison, qui va des premiers contreforts du petit Hermon à la Méditerranée (aux portes de Caïffa), est guéable en plusieurs points, du moins pendant la saison d'été ; peu profond et peu large à l'endroit où nous l'avons traversé, il coule au pied d'une verdoyante colline, Tell-el-Hartiéh, semblant oublier, tant son cours est nonchalant et ses eaux limpides, que son nom eut ses jours de gloire. « Sur les rives « de ce torrent, avait annoncé la prophétesse Deb- « bora, le Seigneur amènera Sisara, le général de « l'armée de Chanaan, avec tous ses chariots et toutes « ses troupes, et tous seront livrés aux mains « d'Israël. » — Et pendant que la courageuse Jahel perçait d'un clou de sa tente le crâne de l'ennemi du peuple juif, les eaux du torrent roulaient les cadavres et les chars de l'armée vaincue. (Juges, IV.)

Plus tard, aux jours d'Elie et d'Achab, le même torrent de Cison entraînait d'autres restes sanglants. « Jusqu'à quand, disait Elie au peuple assemblé, « serez-vous inconstants dans votre culte ? Si le Sei- « gneur est vraiment votre Dieu, adorez-le, obéissez- « lui ; si c'est Baal, servez-le. Je reste seul des pro- « phètes du Seigneur ; Baal compte autour de lui « 450 prêtres et faux prophètes ; invoquez le nom de « vos dieux, et moi j'invoquerai le Seigneur. »

Ainsi fit-il. « Seigneur, Dieu d'Abraham, d'Isaac « et de Jacob, montrez que vous êtes le Dieu d'Israël, « exaucez-moi, afin que votre peuple n'oublie plus « que vous êtes le Seigneur-Dieu. »

Et le feu du ciel embrasa l'autel, dévora la victime, et le peuple prosterné s'écria : « Le Seigneur, voilà notre Dieu, il n'en est point d'autre ».

« Eh bien ! leur dit le prophète, le Seigneur l'or- donne, mort aux faux prêtres de Baal qui vous ont entraînés au crime de l'idolâtrie et à l'oubli du vrai Dieu. » Et les faux prophètes, conduits sur le bord du torrent de Cison, au pied du Carmel, furent égorgés.

En remontant la colline en face de nous, chaque pèlerin ému de ce souvenir biblique peut aperce- voir à l'horizon *Moharkah*, le rocher du sacrifice, et là, tout près, en suivant le lit du torrent, le lieu de 'expiation du crime des faux prophètes.

Depuis quatre heures de chevauchée, nous n'avons mis pied à terre; dans trois quarts d'heure nous atteindrons le bois de chênes verts désigné pour la halte et le déjeuner. A ce moment nous entendons derrière nous le sourd roulement de chariots cahotant sur les pierres de la route; un nuage de poussière nous annonce l'approche du dernier groupe de pèlerins installés sur des voitures d'un confortable douteux, que plusieurs d'entre nous échangeraient cependant volontiers pour leur selle *arabe*. Pendant le défilé des fourgons, un reste de pudeur et d'honneur du drapeau impose au cavalier, même le plus moulu, une apparence d'allure martiale; il se dresse sur l'étrier, cingle de sa cravache la monture qui n'en peut *mais* et qui se rappelle à temps, docile bête, la défense de « *galôper* ». Quand les voitures ont pris les devants, l'hypocrite ardeur s'éteint, et le cavalier courbaturé reprend avec un soupir de résignation sa place dans le long *monôme* qui se déroule à perte de vue.

Au détour du chemin nous apercevons enfin le camp, et les munitions de bouche disposées autour de l'immense chaudière de voyage. Dieu soit béni ! Il est onze heures et quart.

Quel charmant souvenir nous a laissé cette courte halte sous l'ombrage des grands chênes ! Les amis font table commune, et pour chaque groupe de 12 personnes, comme au temps du bon Lafontaine,

> Sur un tapis de *Turquie*
> Le couvert se trouva mis.

La fatigue est oubliée; tous sont à la joie de se retrouver, de rire de leurs mésaventures, et de prendre des forces pour la seconde étape.

Allons! du courage! Nazareth est là au bout de la route. Malgré la chaleur, remontons en selle, et partons. Il est 1 heure et quart. Le soleil darde dru. Ce serait, en d'autres circonstances, le moment de la sieste; plus d'une tête endormie se balance au pas monotone du cheval, et j'ai peine à secouer la torpeur de Ladislas qui subit, lui aussi, cette influence énervante.

Plusieurs chutes, heureusement peu graves, marquèrent cette fatigante étape. Ce ne fut pas sans effroi que nous vîmes une vénérable dame du pèlerinage renversée par un soubresaut de sa haquenée.

Dans trois jours nous constaterons manifestement l'intervention paternelle de la Providence, écartant les dangers en un péril imminent.

Quelle longue après-midi! Je n'accordais personnellement qu'une médiocre attention aux rares villages clair-semés sur notre route : Jedda, Jebdeh, les ruines de Simonias (la citadelle défendue par l'historien et capitaine juif, Josèphe), Djobbata, Ma-loul.

Jaffa de Nazareth enfin nous apparaît ; dans vingt minutes nous touchons au terme de la chevauchée. *Deo gratias!* Ce modeste village revendique, avec quelque apparence de raison, la gloire d'être la patrie de Jacques et Jean, fils de Zébédée. Le patriarcat latin a ouvert une mission depuis 20 ans, et déjà,

sur une population schismatique et musulmane de
800 habitants, le Père Siméon, délégué du patriarche, compte 300 catholiques. Un prêtre maronite
fait l'école à 60 petits garçons ; 45 jeunes filles
suivent les classes des Religieuses de Notre-Dame du
Rosaire. Que Dieu bénisse le zèle de ces vaillants
apôtres !

Encore une colline à franchir. A notre droite, dans
une gorge profonde, l'œil se repose sur un vallon
d'une merveilleuse fécondité : le palmier, le figuier,
la vigne y poussent de verdoyants rameaux ; et, devant
nous, la basilique si ardemment désirée de l'Annonciation. Tête nue, le groupe des retardataires (dont, à
ma honte, je faisais partie) récite à deux chœurs l'*An-
gelus* qui est la prière de Nazareth, et autant que les
jambes ankylosées nous permettent de jouer de l'éperon, nous activons nos montures afin de nous joindre
au cortège qui se forme à l'entrée de la petite ville.
A 5 heures 1⁄4 nous mettons pied à terre, abandonnant sans regret aux mains du moukre nos rossinantes
à demi fourbues, qui vont recevoir pour toute nourri-
ture une maigre pitance de paille hachée. La sobriété
du cheval, là-bas, n'est dépassée que par celle de l'A-
rabe son maître. Comment oser se plaindre des incom-
modités de cette journée de pèlerinage, à la vue de
ces jeunes hommes, à peine vêtus, les jambes chaus-
sées de sandales, faisant à pied cette longue route
qui nous avait écrasés, et se contentant, comme les
apôtres au temps du Christ, de broyer entre leurs
doigts quelques tiges cueillies au courant du chemin

et de se rafraîchir la bouche aux rares fontaines que leur ménage la Providence ?

Tout Nazareth est en fête pour nous recevoir, et il convient de répondre dignement à cet accueil. Une heureuse coïncidence met sur notre passage une caravane de 70 Anglais catholiques, conduits par Monseigneur Cliffort, et le duc de Norfolk, cousin de la Reine d'Angleterre. Dans la soirée, il y aura échange de visites courtoises, le terrain religieux ayant seul la vertu de faire disparaître tout conflit de nationalité et de races. La procession s'organise pour faire une première visite au sanctuaire. L'*Ave Maria*, dit autrefois par l'Ange sur le sol que nous baisons, se retrouve aux lèvres des 400 pèlerins qui font passer dans cette angélique salutation tout ce que leur cœur nourrit de piété, de confiance, d'amour.

Ce tribut payé au sanctuaire de Nazareth, chacun se dirige vers le camp où sont dressées les tentes du pèlerinage. Une nuée de jeunes enfants nous accompagne. Ladislas s'attarde près d'eux, reportant sa pensée aux âges lointains où le divin Enfant de Nazareth avait sa place, lui aussi, au milieu de ses compagnons de travail et de jeu. C'est le même vêtement qu'autrefois : une longue tunique rose, verte, bleue ou panachée, serrée à la taille par une cordelette, retombe sur leurs petits pieds nus. La figure est généralement éveillée et souriante ; mais c'est en vain que je cherche sur tous ces visages qui nous regardent le type divin que notre piété prête à Jésus enfant, ce mélange

6

de candeur, d'innocence, de gravité précoce qui révélait sous des traits enfantins la divinité cachée.

Cet idéal, si mes souvenirs sont fidèles, je ne l'ai trouvé qu'une seule fois reproduit sur une humble image, souvenir d'un ami de séminaire. Nulle gravure ne m'a jamais aussi éloquemment parlé : au milieu d'un champ riche de gerbes, l'Enfant Jésus, debout sous un berceau de vignes grimpantes, tenait dans ses petites mains trois épis et une grappe de raisin, symboles eucharistiques ; mais son regard, sérieux déjà, plus qu'à son âge, plongeait dans l'avenir ; il entrevoyait, à côté d'un mystère d'amour, des mystères d'ingratitude, et partant le visage était triste et rêveur.

Voilà ce que j'avais le naïf espoir de retrouver sur ces figures enfantines, dans ces yeux qui nous souriaient, dans ces petites mains tendues pour le bakchiche. Ce ne fut point l'idéal rêvé ; mais, pour l'avoir fait revivre en notre pensée, merci aux charmants enfants de Nazareth !...

Le camp est dressé au pied de la ville, qui occupe en amphithéâtre la pente d'une colline assez élevée : au premier plan, la basilique et les longs murs du couvent des Franciscains; à gauche, le dispensaire des Sœurs de Saint-Joseph, la résidence des prêtres du Patriarcat, l'orphelinat des Dames de Nazareth et l'hospice des Pèlerins ; à droite, l'atelier de saint Joseph, et plus loin, tout à fait en arrière-plan, un orphelinat protestant. Les catholiques (latins, grecs-unis, maronites) sont au nombre d'environ 2 000 sur

6,000 habitants ; le reste est musulman ou schismatique. Ici, comme dans les autres centres religieux,
la semence de la vérité ne trouve un terrain favorable
que chez les enfants des écoles aux mains des Sœurs
et des Religieux.

Dans une plaine, en contre-bas de la ville, l'administration du pèlerinage a fait établir le campement.
Une fois de plus nous admirons l'ordre, la pré-
voyance, l'esprit d'organisation qui ont présidé aux
mille détails de cette installation grandiose.

Ladislas me demandait si une fée bienveillante avait
de sa baguette frappé la terre, et s'il en était sorti
de toutes pièces la gigantesque tente de 40 mètres
abritant les tables frugales des 400 pèlerins et
25 autres tentes munies, chacune, de 7 lits de fer
avec couches complètes. C'est, actuellement encore
pour nous, un mystère de comprendre comment
ce volumineux matériel de tentes, bancs, tables, batte-
rie de cuisine et de literie a pu être transporté à dos
de chameau, de Jérusalem à Nazareth.

La nuit des pèlerins installés à *Casa Nova* fut
calme et réparatrice ; la nôtre, sous la tente, fut trou-
blée par le hennissement et le braiment des montures, le glapissement des chacals auquel répondaient
les aboiements furieux des chiens de garde. Ladislas,
par son infirmité, échappait heureusement à ces trou-
ble-repos ; mais, ayant pris très au sérieux une recommandation du R. P. Vincent-de-Paul, il fut obsédé
de la crainte d'être dévalisé par les doigts crochus
d'Arabes se glissant nuitamment sous la toile, pour

s'approprier ce qui serait à leur portée. Un Père Capucin, dit la légende des pèlerinages passés, eut la
mésaventure de laisser quelques touffes de sa barbe
aux mains des maraudeurs qui se flattaient d'opérer
sur une couverture soyeuse d'un grand prix. Ladislas
était tranquille sur le sort de sa barbe; mais il ne
dormit que d'un œil, veillant de l'autre sur les bagages entassés au pied de son lit.

L'organisation des autels portatifs rendit un signalé service aux prêtres pèlerins qui purent, à leur
dévotion, bénéficier des indulgences et privilèges
attachés à l'autel majeur de la basilique.

Après la Messe du pèlerinage célébrée le lendemain
par Monseigneur Cliffort, et pendant laquelle Anglais
et Français firent entendre en leur langue nationale
des chants à Marie, nous eûmes tout loisir de visiter
l'église de l'Annonciation. Ce sanctuaire, hélas !
comme tous ceux qui se rattachent à l'œuvre de notre
salut, a connu avec les outrages du temps les profanations de l'homme. De Constantin au commencement du siècle dernier, la basilique élevée par
sainte Hélène et renfermant dans ses murs la modeste
demeure de Jésus enfant (1) fut trois fois détruite
et trois fois réédifiée, mais avec des nivellements im-
posés par les ruines et les décombres entassées sur

_____

(1) De nos jours encore, les habitants de Nazareth, autant
que le terrain s'y prête, construisent leur maison adossée à un
rocher dans lequel ils ménagent une ou deux excavations qui
ajoutent à peu de frais une petite dépendance au logis principal. Ainsi était la demeure de la Sainte Famille.

place : ce qui explique la différence actuelle de niveau entre le pavé de l'église et la crypte souterraine. Le monument est tout moderne (1730) et comprend dans sa partie supérieure trois larges nefs et l'abside qui recouvre la grotte.

Un escalier de quatorze marches fait descendre le pèlerin jusqu'à la « chapelle de l'Ange », qui elle-même donne entrée au sanctuaire de l'Incarnation. En même temps qu'agenouillés près de l'autel nous relisions au saint Évangile le récit du mystère : « L'ange Gabriel fut envoyé de Dieu dans une ville « de Galilée appelée Nazareth, à une vierge qu'avait « épousée Joseph, de la maison de David... Voici la « servante du Seigneur, qu'il me soit fait selon votre « parole... », il nous semblait entendre , comme réponse à ce « *Fiat* » de la soumission de Marie, cette autre parole qui retentit au plus profond des cieux :... « Mon Père, vous avez rejeté l'hostie et le « sacrifice ; les holocaustes sont devant vous sans « valeur ; avec le corps que vous m'avez préparé, je « viens, me soumettant, ô mon Dieu, à toute votre « volonté. »

Fiat ! Ecce venio ! O le mystérieux dialogue entre la terre et le ciel ! Et c'est là, où nous prions, qu'ont été débattues et réglées les conditions de notre rachat !

La sainte demeure, que l'on a appelée depuis « *Santa Casa* », fut de tout temps un lieu bien cher aux chrétiens : sainte Paule, saint Jérôme, saint François d'Assise y ont laissé le souvenir de leur

pèlerinage. En 1252 saint Louis, roi de France,
visitant Séphoris (la patrie de saint Joachin), Cana
et le Thabor, n'eut garde d'oublier Nazareth ; nous
savons par les historiens de sa vie qu'il y communia
de la main du Légat apostolique Odon, évêque de
Tusculum. Onze ans après, le fanatisme musulman
saccageait la basilique, et l'humble maison cessant
d'être protégée par ce temple dont la piété de sainte
Hélène avait fait un reliquaire, était menacée du
même sort. Dieu ne permit point cette profanation.
Au mois de mai 1291, la *Santa Casa*, arrachée à
ses fondations qui demeurèrent au sol de Nazareth,
fut miraculeusement retrouvée en Dalmatie, posée
sur la terre nue sans substructions. Le vénérable
évêque Alexandre, gravement malade, est averti
dans une vision de ce fait étrange, et la santé lui
est rendue en confirmation du prodige de la
translation d'Orient en Occident de la petite maison
de Nazareth.

Le gouverneur de la contrée, Nicolas Frangipani,
députa en Galilée trois nobles chevaliers et l'évêque
Alexandre pour contrôler ce mystérieux événement :
l'enquête juridique établit l'absolue conformité de
matériaux, de mesures, entre les murailles de l'édicule
transporté et les bases restées en Palestine. — Nos
lecteurs savent qu'après trois translations succes-
sives la sainte demeure repose à Lorette, et que Boni-
face VIII, en établissant à cette occasion le grand
jubilé de l'an 1300, engagea les habitants de Reca-
nati à envoyer jusqu'à Nazareth une députation de

seize chevaliers de grande intégrité et droiture pour
constater à nouveau l'identité du sanctuaire miraculeusement transporté en Italie.

Ce fait prodigieux, historiquement prouvé, est con-
firmé par les annales des Baronius, Rainaldi, Marto-
relli, Noël Alexandre, Benoit XIV, par les bulles
de Paul II, Léon X, Paul III, Sixte-Quint, Ur-
bain VIII, Innocent XII, et pour tout esprit impar-
tial qui connaît la réserve et la prudente discrétion
apportées dans les jugements ecclésiastiques, la réalité de ce fait s'impose lors même que notre faible
raison n'en conçoit ni le *pourquoi*, ni le *comment*.

Tous ces renseignements cependant ne donnaient
point satisfaction complète à la pieuse curiosité de
Ladislas : il demandait, un peu comme saint Thomas,
à voir de ses yeux, à toucher de sa main les fondations demeurées au sol nazaréen. C'était aussi mon
désir ; mais des documents authentiques nous appri-
rent en quelles défavorables conditions fut édifiée la
basilique de 1730. Le custode des Saints Lieux, Thomas de Novares, en 1620, avait mis à jour les fonde-
ments de la sainte Maison et le socle de deux rangées
de colonnes appartenant à la primitive basilique ; au
siècle suivant, les Turcs n'accordèrent, pour la recons-
truction de l'église incendiée par les Bédouins, qu'un
délai d'une insuffisance notoire. Pour profiter de
cette crise de bienveillance intermittente, on dut se
hâter en 1730, et sans déblayer le terrain on laissa
sous le pavé de la nouvelle église tous les décombres
accumulés.

C'est assez pour notre foi de savoir que là s'est accompli le grand mystère : nous croyons et nous adorons.

L'excessive fatigue de la chevauchée de la veille avait retenu Ladislas sous sa tente pendant une partie de la matinée, lui interdisant, comme conséquence naturelle du traitement de Sœur *Camomille*, le déjeuner du vendredi 2 mai. Mais un repos de quelques heures et une boisson *ad hoc* le remirent sur pied, et il put se rendre à la grande procession qui se déroula à travers les rues étroites de la ville, dans l'après-midi. On visita, au chant des cantiques et en alternant l'*Ave* du Rosaire, — l'*Atelier* de Saint-Joseph; — la *Fontaine* de la Sainte-Vierge, où nos lèvres se désaltérèrent à ses fraîches eaux,—le sanctuaire de la *Mensa Christi*, sur laquelle le Sauveur, dit la tradition, prit un repas avec ses apôtres ; — l'*église maronite;* — l'ancienne *Synagogue* dans laquelle Jésus après son jeûne au désert enseignait les foules, faisant à sa personne divine l'application des paroles du prophète Isaïe : «... L'Esprit du Seigneur est sur moi ; « c'est pourquoi il m'a consacré par son onction et m'a « donné mission d'évangéliser les pauvres, de gué- « rir les cœurs brisés, d'annoncer aux captifs la déli- « vrance, la vue aux aveugles... » ; — la chapelle de l'*Effroi*, bâtie à l'extrémité de la colline du haut de laquelle les Juifs voulurent précipiter le Sauveur.

L'orphelinat des Dames de Nazareth est tout près de la basilique : il nous fut permis de visiter, en compagnie du savant, architecte de Notre-Dame-de-

France, les récentes fouilles qui ont mis à découvert des ruines d'une étendue et d'un intérêt exceptionnels. Peut-être est-ce le lieu, la maison de l'adolescence de l'Enfant Jésus, et ces restes de colonnes, ces voûtes, ces piliers sont-ils les témoignages survivants d'une très ancienne église abritant une crypte et une vaste citerne reconnaissable encore à des couches de terre glaise, conservée malléable par les sédiments des eaux de la fontaine.

Ladislas trouva un intérêt moins archéologique, sans doute, mais plus rafraîchissant au verre de délicieuse limonade servie par la Révérende Mère; j'eus l'indiscrétion d'en demander la recette et je la livre sans commentaires à l'expérimentation du lecteur :

« — Sur des tranches de citron dépouillées de leur
« écorce, et préalablement écrasées, verser de l'eau
« bouillante ; sucrer et couvrir. Boire tiède ou frais ».
C'est d'une saveur parfumée et tout orientale.

Cette journée de repos relatif nous préparait à l'excursion du lendemain : le rendez-vous était au Thabor, au lieu du *Bonum est nos hic esse*. Le dîner sous la grande tente fut assaisonné d'une cordiale gaîté, et il eut pour dessert, en plus de la traditionnelle tasse de camomille, le chant si poétique, si gracieux du Père Marie-Jules — qui n'est point un étranger pour les pèlerins poitevins :

O Nazareth, à bon droit l'on t'appelle
Ville des fleurs ;
Nos yeux, ravis en te voyant si belle,
Versent des pleurs.

CHAPITRE XII.

AU THABOR. — GALILÉE ET SAMARIE... A VOL D'OISEAU ?... OU A DOS DE MULET ?

> Dans ces rayons, sous ce nuage,
> Quel est ce mont aux reflets d'or ?
> Du ciel est-ce un trompeur mirage ?
> Prosternons-nous, c'est le Thabor.
> Silence! paroles humaines
> Écoutons les échos divins.
> Qu'il fait bon, aux plages lointaines
> Sur le Thabor! chers Pèlerins!

Samedi 3 mai.

La seconde nuit sous la tente fut sœur de la première : sommeil fréquemment troublé par les cris discordants du dehors... et par le *froid* du dedans. Après la chaleur intense de la journée nous trouvions au réveil le gazon de notre tente blanc de givre, témoignage irrécusable d'une température ambiante notablement abaissée. A 5 heures, je célébrais la messe et à 6 h. 1⁄4 Ladislas et moi nous nous acheminons vers le camp aux chevaux, la mémoire fraiche encore des cuisants souvenirs de l'avant-veille. Le moukre, la main déjà ouverte pour le bakchich, nous attendait. On annonce 10 kilomètres jusqu'au Thabor, c'est un jeu ! mais on tait discrètement une heure d'ascension, du pied de la montagne au sommet.

Allegrè ! quand même. D'intrépides piétons, du
reste, nous encouragent ; ils vont en éclaireurs, nar-
guant le soleil qui dès 7 heures est dans toute sa
force. Au sortir de Nazareth, un enfant nous offre
dans une corbeille huit œufs, frais pondus (et liquides,
naturellement). Je partage avec Ladislas, m'aperce-
vant un peu tard que la marchandise est fragile et
encombrante. Jugez donc : d'une main, rênes et cravache ; de l'autre, parasol : mais les œufs ? Il nous
faudrait la troisième main prêtée par Harpagon à La
Flèche. — La nécessité heureusement rend ingénieux. Puisqu'il est plus sage, dit-on, de prévenir que
de guérir, je donne à Ladislas le conseil et l'exemple
de prévenir la soif future en humant frais les blanches coquilles, nous débarrassant ainsi lestement du
contenant et du contenu.

Le paysage est ravissant ; je n'ai trouvé aucun
autre site en Palestine ayant même décor et
même fraîcheur de végétation. Le sentier que
nous suivons côtoie une vallée assez large à
droite et à gauche ; les pics succèdent aux pics, mou-
vementant à chaque détour les lignes de l'horizon,
et bientôt, derrière un contrefort, se dégage dans sa
courbe harmonieuse le mont de la transfiguration.
Il se détache sur le ciel avec un tracé d'une régularité géométrique. De quelque côté qu'on l'aborde, sa
masse arrondie au sommet redescend et rejoint par
une gracieuse ondulation le plateau qui lui sert de
base. Un épais gazon, de nombreux bouquets de
chênes verts reposent la vue, seul le sentier qui

forme lacets pour atteindre la cime est dans sa
nudité rocailleuse et accidentée. Des bancs de roches
disposés en marches d'escalier de 45 et 50 centimètres
de hauteur mettent à rude épreuve le jarret du cheval et le sang-froid du cavalier... à la montée. Mais
à la descente ! ! !

Plus téméraires que certains autres pèlerins
qui, prudemment, quittèrent l'étrier, nous demeurons
en selle, et après quatre heures d'équitation nous
franchissions la porte Bab el-Haoua, reste de l'ancienne enceinte qui faisait du Thabor une forteresse
redoutable. Il est dix heures 1/2. Un autel est
dressé au milieu des ruines d'une ancienne basilique détruite et la messe solennelle est célébrée
sur ce sommet où le Fils a laissé entrevoir à ses
trois apôtres quelques rayons de sa gloire, et où le
Père a rendu témoignage à la divinité et à l'humanité de son Verbe.

Lecture est faite de l'Evangile de la transfiguration, et il nous est consolant de penser que ce
groupe de 400 pèlerins est de ceux qui écoutent
la Doctrine de Jésus-Christ, « *ipsum audite* », et
qui, bien qu'il en coûte, se proposent de la traduire
fidèlement par les actes d'une vie chrétienne.

A l'élévation, une décharge de carabines et de
revolvers nous apporte un écho affaibli de l'artillerie
du « Poitou » ; le sacrifice s'achève au milieu du recueillement inspiré par la sainteté du lieu et par
le souvenir du mystère révélé à Pierre, Jacques et
Jean. Avec eux notre cœur essaie de redire le

Bonum est nos hic esse, mais le corps desséché, à demi rôti, exhale sa plainte : « Qu'il fait chaud ! » J'ai honte cependant de mon manque de courage, me rappelant que les saints de la trempe de Laurent le Martyr trouvaient dans leur amour ardent un feu qui les rendait insensibles aux flammes du bûcher. — Conclusion : nous ne sommes pas encore des saints.

Trois édifices (ce ne sont pas, hélas ! les trois tentes demandées par Simon-Pierre) occupent le plateau : — les ruines d'une grande basilique que les RR. Pères Franciscains ont l'espoir de relever ; — leur modeste couvent avec une petite chapelle ; — et une église de Grecs schismatiques construite il y a vingt-deux ans.

De ce point culminant (600 mètres au-dessus de la Méditerranée, 855 mètres au-dessus du lac de Tibériade) l'œil embrasse la Galilée entière ; elle est là sous nos pieds ; on la parcourt à vol d'oiseau. Dans la direction du Nord, c'est le mont des Béatitudes ; puis, inclinant vers l'Est, le lac de Génésareth qui étincelle au soleil comme une nappe d'argent ; le grand Hermon avec ses neiges perpétuelles ; au Sud, Endor avec le souvenir de Saül et de la Pythonisse, le petit Hermon, les monts Gelboé où sont tombés les vaillants d'Israël, Naïm de si douce mémoire aux mères désolées, le Cison, Nazareth, Cana.

Une tentation à laquelle je succombe me mord au cœur. Avec cette carte en relief qui se dé-

ploie sous nos yeux, et dont chaque point peut
être fouillé par nos jumelles, n'est-ce pas superflu, tenant compte des fatigues antérieures et
du vent du Sud qui alourdit l'atmosphère, de
parcourir à cheval ce que j'embrasse d'un seul coup
d'œil ?

Ladislas, que je confierai à un ami, se mêlera au
groupe des « Tibériade » ; et je l'attendrai à
Nazareth où retourne le premier groupe des pru-
dents et des invalides.

Le couvent hospitalier des Franciscains nous
ouvre ses salles et ses corridors ; des viandes froides
sont distribuées pour remonter les forces (depuis
longtemps Ladislas avait perdu le souvenir des
œufs humés le matin ; moi, de même). Mais que
chacun se hâte ! à une heure 1[4, départ pour Tibériade où une chaleur anormale de 40°, à l'ombre,
attend, hélas ! nos amis.

Aux autres on accordera une sieste écourtée avant
le retour à Nazareth : ce sera toutefois suffisant
pour aller une dernière fois prier sur les ruines,
demander un germe de résurrection pour ces murs
qui ont jadis entendu les chants du Sacrifice eucharistique, un levain de vérité pour tant d'âmes aveu-
glées sur cette terre d'Orient. Quelques mots
d'édification adressés à la chapelle par un homme
apostolique furent nos adieux au Thabor qui « a
révélé à son heure, ainsi que le chante David, la
gloire du Très-Haut, et la puissance de son
bras ».

Hélas! du ciel il faut descendre,
Plus d'extase ! au bas du vallon
Songeurs, vous avez dû reprendre
Le cheval rétif et l'ânon.

Oui, au bas du vallon seulement, car, pendant la descente, nos montures, la bride sur le cou et abandonnées à leur propre instinct, franchissaient derrière nous les rochers du chemin, alors que chaque pèlerin, de glissade en glissade au milieu des cailloux roulants, cherchait à poser pied sur un terrain solide. Un seul imprudent, à ma connaissance, resta à califourchon sur son âne ; — c'était un moukre. Mal lui 'en prit. Une chute de l'animal fit passer par-dessus sa tête le téméraire, et le jeta à plat ventre sur un sol où le gazon était clair-semé.

A 7 heures nous rentrions au camp. Beaucoup de places vides naturellement au repas du soir : les absents, à cette même heure, s'installaient à Tibériade après une rude étape, et au milieu d'une atmosphère que le simoun rendait irrespirable au fond de ce cratère où gît le lac de Génésareth, à 236 mètres au-dessous du niveau de la Méditerranée. L'eau du lac, racontaient au retour les pèlerins, avait une température de 30°, et les malheureux poissons, au régime de l'eau chaude... — « Eh bien, quoi ? » — rejetaient leur déjeuner... ni plus ni moins que dans les flots de la Garonne.

Nazareth, malgré une altitude différente, ressentait elle-même l'influence énervante de ce vent d'Afrique : ce furent les journées les plus chaudes

de tout le pèlerinage, sans aller cependant jusqu'à
déranger les projets de noces d'un jeune couple
arabe. La cérémonie (catholique) eut lieu le dimanche soir après le Salut, et elle provoqua de la part
de quelques dames du pèlerinage, que la piété...
ou la curiosité avaient retenues, une intervention
indignée... mais heureusement sans motifs. Le
Père-Curé, après la lecture de l'admonestation et
des avis qui précèdent la formule du sacrement,
demanda selon l'usage au jeune fiancé : Jurez-vous
de prendre et de garder comme légitime épouse...
etc. ? — Oui, se hâte de répondre le conjoint
interrogé. — Même question à la jeune Arabe qui
s'empresse... de garder le silence. Le célébrant
renouvelle la question ; même silence obstiné. Le
prêtre impatienté s'éloigne ; les têtes — françaises —
se montent ; on chuchotte, on murmure, on va
crier au despotisme d'un père brutal qui marie sa
fille contre son gré, etc., etc.

> Votre compassion part d'un bon naturel,
> Mais quittez ce souci...

L'affaire est moins tragique.

Dans la *haute* société arabe, dans le monde qui
sait vivre, il est reçu qu'une jeune fiancée ne peut
sans déroger, prononcer le *oui* fatal avec le sans-
façon d'une roturière. Elle se fait donc prier, beaucoup prier, *trop*, au gré du célébrant qui connait à
fond cette pruderie de commande et qui y attache
juste l'importance qu'elle mérite.

La jeune Arabe enfin daigne, en victime résignée, donner son consentement.

Le prêtre bénit l'union et se retire. L'épouse alors reçoit un voile qui lui couvre le visage et elle est conduite par sa nouvelle belle-mère au domicile de ses propres parents, escortée de toutes ses amies qui l'aspergent d'eaux parfumées. Les jeunes gens, de leur côté, au sortir de l'église, commencent, avec accompagnement de tambourins, un chant d'épithalame et font cortège au nouvel époux jusqu'à sa propre demeure, mais en observant deux formalités de rigueur : — le chant se prolonge le temps supposé nécessaire pour que la jeune épouse ait regagné le domicile de sa mère; — les deux cortèges doivent éviter à tout prix leur rencontre, autrement la porte serait ouverte à tous les maléfices : souvenir lointain, peut-être, du religieux et mutuel respect de Tobie et de Sara.

Dans la cérémonie incidemment racontée ci-dessus, les deux conditions ont été scrupuleusement remplies; nous garderons donc l'espérance que la pauvre enfant ne sera qu'à demi-malheureuse en ménage et que son mari, soucieux de ses devoirs, allégera le lourd fardeau qui, en Orient, écrase la mère de famille.

Me croirez-vous, bienveillants lecteurs, si j'ajoute que, très incompétent en semblable matière, je ne dois point à mes observations personnelles le narré des phases de ce petit drame? D'autres yeux que les miens n'en ont rien laissé perdre, et si je ne taillais

au court dans les renseignements fort aimablement
transmis par un témoin autorisé, j'aurais, pour être
complet, à mentionner des détails de toilette qui
sortent plus encore de la compétence d'un profane.

Or, pendant que curieux et curieuses étudiaient
ces mœurs arabes, les comparant *in petto* à nos cérémonies nuptiales, il se passait à quelques lieues de
Nazareth un autre drame mettant en grand danger
la vie de plusieurs de nos pèlerins.

Deux groupes s'étaient formés pour visiter les
écoles de l'intéressant village de *Jaffa* et *Sephoris*, patrie de saint Joachim et de sainte Anne, vieille cité qui
sous Hérode Antipas fut la capitale de la Province;
on l'appelait alors Diocésarée. Valens y fit couler
le sang chrétien. Sept pèlerins ne voulant pas s'em-
barrasser de monture, pour une heure de marche,
prirent place dans un chariot traîné par trois chevaux de front. Après un coup d'œil jeté aux deux
absides de Safoûrieh, seuls restes d'une ancienne
église, et à la forteresse remontant aux croisades, le
conducteur eut la fantaisie de regagner Nazareth par
un chemin bas dans le but très louable d'échapper à
la chaleur et à la poussière de la grande route. Mais
ce chemin n'était qu'un sentier étroit, et sur semblable plate-forme trois chevaux de front ne pouvaient
trouver pied. A un endroit où le chemin accoté
d'une part à la roche verticale domine de 5 ou
6 mètres — et par un talus à raide pente — une
fondrière, cloaque des eaux d'égout, la situation
devint critique : les chevaux s'entrechoquant per-

daient l'équilibre, et le ravin était là, attendant un
chute inévitable de l'attelage et du chariot.

Grâce à Dieu, le moukre conserve son calme;
catholique, il se marque d'un grand signe de croix,
rassemble ses rênes et, par un audacieux mouvement
tournant, pousse droit à l'abime. En une seconde
tout l'attelage est dans la vase, mais le chariot qui l'a
suivi est resté debout. Les pèlerins remis du choc se
regardent, se comptent : ni fracture, ni contusions.
Mais les pauvres bêtes gisent inertes dans la fondrière; on procède au sauvetage; un premier cheval
se relève, le second, le troisième, c'est merveille!
tous les membres intacts ! rien de brisé, même dans
le harnachement! A la prière des pèlerins, les anges
avaient veillé.

Moins heureux ou plus exposés avaient été les
« Tibériade ». L'ambulance nous ramenait le lendemain une jambe brisée d'un coup de pied de cheval,
un poignet luxé et une sérieuse contusion à la tête
dans une chute de cave à Cana. Ces pauvres infirmes
avaient, pour se consoler dans cette épreuve, semblable accident survenu à l'un des prélats accompagnant le pèlerinage anglais. Le bras s'était fracturé
dans une chute de cheval, et privait, hélas! le vénérable patient de la joie de célébrer la sainte Messe au
sanctuaire de Nazareth.

Ce soir, lundi 5 avril, sont attendus les excursion-
nistes de Tibériade et nous consacrons les dernières
heures du jour à visiter les maisons religieuses de
Nazareth, notamment le couvent des Clarisses fondé

il y a cinq ans, où s'était retirée pour une vie de
prières et de sacrifices Mademoiselle Harmel, la
digne fille du vaillant chrétien du Val-des-Rois; une
seule année a mûri pour le ciel cette âme d'élite.
Nous voulons également remercier les 35 religieux
franciscains de leur cordiale et délicate hospitalité,
et aussi les jeunes enfants de la maîtrise dont les
fraîches voix avaient redit à nos oreilles le cantique
français :

> Mère bénie entre toutes les mères,
> Sois-nous propice à l'heure du danger.....

et le pieux *Ave* du cantique de Lourdes.

Encore une nuit qui s'écoulera à l'ombre du sanctuaire béni de l'Annonciation, et demain, dès
l'aurore, la Vierge de Nazareth recevra nos adieux.
Heureuses journées où l'âme vivait de ce renouveau
qui est le fruit du mystère solennisé au lieu même
de son accomplissement! Ici, du moins, il nous a été
donné de pouvoir, en toute paix, célébrer dans chaque
chapelle, prier à chaque autel : les catholiques n'ont
point à subir la désolante humiliation d'un sanctuaire
partagé avec des dissidents, des séparés de la sainte
Eglise.

Sera-ce de même à Jérusalem?

CHAPITRE XIII.

EN ROUTE VERS JÉRUSALEM.

Oh ! je le sais, votre âme étreinte
Appelait de tous ses soupirs
Jérusalem, la cité sainte,
La ville aux navrants souvenirs.....

Ladislas, toujours intrépide, revenait le lundi soir de Tibériade ; dans quel état, grand Dieu ! teint bronzé, vêtements poudreux, haletant comme tous ses compagnons de route. De mémoire de pèlerin, le lac de Génésareth n'avait jamais, avec une telle intensité, assiégé les barques d'effluves ardentes comme la flamme d'une fournaise : vin, bière, limonade, le bain lui-même, tout était brûlant. Rude voyage qui découragea de « Samarie » plus d'un excursionniste inscrit au troisième groupe ! Tous se faisaient joie de respirer les *fraîches* brises de Nazareth ; mais Nazareth n'avait-elle pas vu, elle aussi, sous l'influence du simoun, certains personnages replets mijoter tout doucettement dans leur graisse ni plus ni moins qu'aux ruines de Capharnaüm ?

La nuit cependant, passée sous les tentes dressées en un tour de main par des drogmans et des moukres pour lesquels la fatigue — chose et nom —

semble une inconnue, répara suffisamment les forces,
permettant aux fourbus de la veille d'entreprendre
à nouveau, et cela dès 6 heures le mardi matin, la
longue chevauchée de Nazareth à Caïffa, pour les
uns, — et pour les autres, de Nazareth à Jérusalem par la Samarie.

Je dus user de toute mon autorité pour faire accepter à Ladislas, et près de moi, une place sur la ban-
quette d'un des véhicules quelconques indûment
baptisés du nom de voitures. Avant les journées
pénibles d'équitation du jeudi et du samedi, je n'aurais jamais soupçonné — le bonheur est relatif —
semblable volupté à être secoué dans un char sobre-
ment suspendu. A vrai dire, un huit-ressorts sur
cette route semée de moëllons et de fondrières eût
été un non-sens; plus opportuns étaient les chariots
grossiers que trois chevaux aux flancs étiques, mais
aux jarrets nerveux, enlevaient au milieu d'un nuage
de poussière, malgré un rudimentaire harnachement
dont les pièces principales comptaient de raccords et
de filins autant que peut en comporter la manœuvre
d'une goëlette.

Le drogman-chef avait eu la malencontreuse inspi-
ration de confier à notre conducteur le drapeau du
groupe « Tibériade ». C'était lui dire : « Va le premier, et fraie le chemin. » A bon entendeur, demi-
mot. Notre moukre prit au sérieux la recommandation. Dans un arrêt obligé, s'étant laissé dépasser par
deux de ses concurrents, il n'eut de paix, et nous de
repos sur nos sièges, qu'après avoir reconquis de

haute lutte son rang perdu ; mais au prix de quelles
audaces! D'un sifflement aigu et sans user du
fouet, il enlevait ses chevaux; si la route ne mesurait
pas deux largeurs de voiture, il descendait le fossé,
courait à travers champs, ne transigeant avec aucun
obstacle. Pendant que les dames de notre véhicule
jetaient des cris d'effroi aux passsages difficiles fran-
chis au grand trot, Ladislas frappait des mains et
jouissait en vrai sportsman des péripéties de la lutte.

Enfin, tout est bien qui finit bien. Quelques chapelets aidant et l'assistance de nos bons anges aussi,
nous arrivons, après la halte du déjeuner « des chênes
verts », aux portes de Caïffa pour le réembarque-
ment. Ce fut là où m'advint entre deux bakchiches
donnés, l'un au voiturier, l'autre au batelier, la
mésaventure de désagréable souvenir à laquelle
j'ai déjà fait allusion : la soustraction clandestine
d'un porte-monnaie. Défiez-vous, pèlerins de l'avenir, du ponton d'embarquement de Caïffa, et surtout
des Arabes qui encombrent les abords de la jetée.

La mer était houleuse et le transport par chaloupes
jusqu'au « Poitou », ancré au large, eut des consé-
quences pour plusieurs estomacs débiles. Après une
traversée de six heures, nous étions le lendemain
matin en vue de Jaffa, port de débarquement pour
Jérusalem. En rade, la mer est peu clémente ; les barques seules, manœuvrées par des pilotes du pays,
peuvent franchir les passes étroites à peine recon-
naissables au milieu d'une ceinture de brisants
toujours couverts d'écume.

En tout pays civilisé le passage à la douane, rarement agréable du reste, est facilité dans la mesure du possible par de longs comptoirs sur lesquels s'alignent les bagages soumis à l'inspection. A Jaffa, le procédé est plus primitif. D'immenses toiles à voile, contenant chacune de quinze à vingt sacs ou valises, s'éventraient sous les efforts des inspecteurs de la douane, et 300 voyageurs entassés au milieu de ce fouillis cherchaient à reconnaitre leur bien. Comme la chose était facile!

Ladislas allait d'un tas à l'autre, remuant, bouleversant tout, pendant que des mécréants indigènes, portefaix d'occasion et honnêtes gens présumés, transportaient à brassées tout ce qui leur tombait sous la main. A la porte, attendaient les chariots préparés par l'administration du pèlerinage, dans lesquels s'entassaient, au petit bonheur, tous les colis, inspectés ou non. Il est providentiel que dans un pareil ménage et en de telles mains, tout arrive à peu près au complet à destination.

Jaffa « la belle », vue de la rade, ne porte point un nom usurpé. La ville entière est groupée sur un mamelon qui descend brusquement à la mer, mais ont les pentes et le sommet sont une suite ininterrompue et étagée de toits plats entremêlés de quelques minarets et coupoles que le soleil dore de ses tons les plus chauds : et par derrière, en pleine campagne, les jardins de si grand renom où se pressent les porangers et les citronniers.

Jaffa ou Joppé a un passé illustre remontant, si l'on

en croit certaine tradition, jusqu'à Noé. C'est là qu'il
aurait construit l'arche du déluge; la ville détruite
par ce cataclysme aurait été rebâtie par un de ses
fils, Japhet, qui lui donna son nom. C'est là que
furent amenés sur des radeaux les bois de cèdre que
le roi de Tyr, Hiram, envoyait à Salomon pour la
construction du Temple. On y retrouve le souvenir
de Jonas se dérobant à l'ordre reçu de Dieu ; le
souvenir des Machabées qui firent de Joppé une
place forte ; et, aux temps apostoliques, le souvenir de
la vocation à la foi du premier des Gentils, Simon le
corroyeur. La maison — devenue mosquée — construite sur le lieu présumé de la vision du chef des
apôtres, reçut notre visite, aussitôt que chacun de
nous eut déposé à l'hospice des Sœurs de Saint-
Joseph les menus bagages qu'il portait à la main. La
lecture du passage *Actes des apôtres*, entendue
sur la terrasse de cette mosquée, reconstituait à nos
yeux dans tous ses détails ce grand événement, et il
nous semblait que c'était hier, sur cette même terrasse, que Pierre vit descendre du ciel une nappe de
lin contenant des animaux purs et impurs et qu'il
reçut cet ordre : « Lève-toi, Pierre, tue et mange ».
Le peuple juif cessait d'être la nation seule privilégiée : à tous l'Eglise ouvrait les bras.

Ladislas me demande de l'accompagner à l'école
des Frères : il a un faible pour les jeunes Arabes de
son âge, pour ceux surtout qui sont formés par les
fils du Bienheureux de la Salle, car ils comprennent
et parlent la langue française. Le Directeur, qui a

7

professé plusieurs années au Pensionnat d'Alexandrie, n'estime pas les petits Arabes de Jaffa moins
aptes que leurs condisciples d'Egypte à l'étude
des langues vivantes.

Une visite, encore, aux RR. PP. Franciscains
toujours affables dans leur hospitalité envers les
pèlerins de passage, et nous reprenons le chemin
de l'hospice français, qui doit sa fondation à la géné-
rosité d'un compatriote, M. Guinet. Il est confié
aux Religieuses de Saint-Joseph de l'Apparition.
Le plan d'ensemble, le choix des matériaux, la
disposition intérieure, les vastes terrasses qui dominent la ville et la mer, tout concourt à faire de
cette maison de charité un hospice modèle : trois
côtés d'un parallélogramme avec cloîtres ouverts
entourent un jardin où nous retrouvons, cultivées
et soignées avec amour, les fleurs qui ornent nos
massifs de France. Des tables sont dressées sous les
cloîtres pour le déjeuner des pèlerins ; les 16 Religieuses ont confié un instant à leurs aides les malades et les 19 petites orphelines, et elles s'empressent,
nouvelles *Mathes* ou nouvelles *Tabihes*, à exercer
les devoirs de la plus aimable hospitalité.

Nous retrouvons fortuitement à notre table des
personnes qui avaient fait déjà un affectueux accueil à Ladislas sous la tente de Nazareth. Elles
portent intérêt à l'œuvre des sourds-muets de Poitiers : c'en est assez pour rapprocher le Comtat-
Venaissin et la Provence de la vieille terre poitevine.
Notre jeune pèlerin, à sa grande joie, rencontrera

le même sympathique voisinage à Notre-Dame de France, et ce cercle d'amis deviendra pendant quelques semaines une nouvelle famille.

Pour le transport des pèlerins, de Jaffa à Jérusalem, on a convoqué le ban et l'arrière-ban des véhicules de la Judée entière: calèches fermées, breacks, tapissières, chariots, fourgons. Chacun s'installe où il peut et comme il peut, avec la perspective d'un voyage qui durera 15 heures : de 2 h. 1|2 de l'après-midi à 6 heures le lendemain matin, la nuit comprise.

Nous étant attardés au Salut chanté à la chapelle nous nous estimons heureux de pouvoir prendre d'assaut, à l'avant d'une tapissière, le siège du conducteur, nous engageant envers le moukâri, par un contrat bi-latéral, à lui prêter alternativement nos jambes pour coussin.

Tous les pèlerins ont trouvé place ; les voitures en ligne s'ébranlent au signal du drogman-chef, et la caravane traverse la ville au milieu d'une foule curieuse : c'était jour de marché à Jaffa, et la population de 15.000 habitants s'était accrue d'un tiers.

La route de Jaffa à Jérusalem (65 kilom.) s'améliore chaque jour ; les voitures y peuvent honnêtement circuler, et, en preuve de bon entretien, nous rencontrons, non loin de la ville, un chariot-rouleau pour le chargement de la chaussée. Nos devanciers de 188 auraient le droit de jalouser ce bien-être relatif, comme nous-mêmes envierons le sort des pèlerins de 1891 qui, peut-être, feront chauffer, comme à

Alexandrie, « un train spécial » : les travaux de la
ligne ferrée sont en voie d'exécution.

Pendant plusieurs kilomètres, nous longeons les
fertiles jardins où croissent presque sans culture
l'oranger, le grenadier, la canne à sucre, le bananier,
le palmier, la vigne ; puis c'est la plaine de Saron
avec le souvenir des récoltes incendiées par les
renards de Samson ; de loin en loin, des maisons
de refuge pour les troupeaux, des tours actuellement
sans gardiens, la bifurcation des deux routes conduisant à Ramleh : l'une directement, c'est la nôtre ;
— l'autre, traversant Lydda, célèbre par la guérison
du paralytique accordée aux prières de saint Pierre.

A cinq heures, nous apercevons devant nous une
tour à plusieurs étages : c'est la tour des 40 martyrs.
Les reliques de ces vaillants héros de Sébaste ont-
elles reçu en ce lieu un culte spécial ? Peut-être ;
car nous trouverons à Jérusalem, dans un sanctuaire
arménien, plusieurs tableaux nous rappelant cette
tradition. Les colonnes, les sculptures, la forme
des fenêtres, semblent indiquer un monument
reconstruit ou restauré à la fin des croisades.

Nous sommes à Ramleh, l'ancienne Arimathie,
patrie de Nicodème et de Joseph : deux modestes
chapelles enclavées dans le couvent des Pères Franciscains rappellent le souvenir de ces deux disciples
et amis de Jésus. La ville, aujourd'hui sans importance (5.000 habitants), avait autrefois château-fort,
enceinte de murailles, et douze portes crénelées ;
au temps des croisades, elle soutint de nombreux

sièges; prise et reprise, elle eut tour à tour pour
maîtres les Turcs et les soldats de la Croix. En 1799
Bonaparte établit son quartier général dans la maison
des Franciscains. — Avant le dîner, on a le loisir d'aller
visiter l'ancienne église de Saint-Jean-Baptiste, pro-
fanée par une mosquée, et les arcades ogivales
qui sont attenantes à la tour des 40 martyrs.

A 9 heures, fin de la halte. — En voiture ! Grand
embarras. Il fait nuit noire, les 52 véhicules sont
dispersés un peu partout ; ils n'ont point, comme
les fiacres de nos cités, des numéros d'inscription.
Où retrouver et comment reconnaître la voiture dont
nul n'a remarqué la couleur, la forme ? Au milieu
du désordre général, seuls ou à peu près — Ladislas,
nos quatre autres compagnons et moi — nous
nous tirons prestement d'embarras. Notre conducteur, rendu serviable par un bon bakchiche,
nous attendait à la sortie du cloître pour nous
conduire à sa tapissière remisée dans un fossé
de la route : prévenance dont nous lui saurons gré.

La nuit est froide ; en plein ciel, presqu'au méridien, brille la *faucille* caractéristique de la constel-
lation du Lion, et, non loin de Régulus, la planète
Saturne jette ses feux au firmament comme autrefois
l'étoile des Mages. Ce qui complète l'illusion de
Bethléem, c'est la rencontre de nombreux troupeaux conduits par des chevriers et qui paissent au
milieu de la nuit le gazon des talus : « *Et pastores
erant in regione vigilantes et custodientes vigilias
noctis super gregem suum.* »

Un second arrêt dans un caravansérail (11 h. 1/2)
nous donne loisir d'absorber une tasse de café puisé
bouillant au seau quadrangulaire, en équilibre sur
trois charbons. Avec ce viatique nous pourrons demain matin attendre l'heure tardive de la Messe célébrée, s'il se peut, au Saint-Sépulcre. L'insomnie de la
nuit nous prépare à la vision de la Ville Sainte. Que
de pèlerins nous ont précédés sur ces montagnes !
Combien de cœurs ont battu à l'approche de ces
murs ! Jérusalem ! Jérusalem ! Elle est là ; un
premier village, perdu à notre gauche dans une
gorge profonde, en est comme la sentinelle avancée,
reliée à la cité de David par un ravin qui contourne
le mont. Sur toutes les lèvres, se retrouve le
chant du : « *Lætatus sum in his quæ dicta sunt mihi.*
Ma joie est grande à la nouvelle qui vient de m'être
annoncée : nous allons entrer dans la maison du
Seigneur... Les tribus et les tribus ont gravi, comme
nous, la colline pour glorifier dans tes murs le nom
du Très-Haut. »

Les religieux et les catholiques de la Ville Sainte
nous attendent ; on met pied à terre à la porte
de l'asile hospitalier de Notre-Dame de France (1).
A peine prenons-nous le temps de jeter dans nos
cellules manteaux et valises, vite ! courons au
Saint-Sépulcre ! Depuis que nous avons quitté les
rives françaises, nous obéissons à l'irrésistible
force de cet aimant qui nous attire.

(1) C'était le jeudi 8 Mai, à 6 heures du matin.

CHAPITRE XIV.

LA VILLE SAINTE. — ORIENTONS-NOUS.

Nous foulons enfin le sol de Jérusalem ! Ce but de notre lointain pèlerinage, nous ne l'avons atteint qu'après deux semaines de pérégrinations, pendant lesquelles se sont entremêlées avec les douces émotions du chrétien les inévitables fatigues, compagnes d'un tel voyage. Jusqu'à cette heure celles-ci l'emportent peut-être sur les premières en nombre sinon en intensité ; mais nous sommes au port, l'équilibre va se rétablir car nous en avons fini avec les campements de la vie nomade. Installés dans nos cellules de Notre-Dame de France, nous retrouvons toute liberté d'action, le repos et une grande facilité pour dépenser à la visite des Lieux Saints le loisir que notre piété y voudra consacrer.

Ladislas, malgré sa nuit sans sommeil, voulut me suivre au Saint-Sépulcre. Une première visite hâtive, en de telles circonstances, ne favorise point, autant que le cœur s'en était fait joie, l'émotion, le recueillement, les douces larmes du pèlerin. Les prêtres n'ont que le temps de déposer un pieux baiser sur la pierre de l'Onction, et de s'agenouiller à l'entrée du Saint-Sépulcre ; ils vont prendre rang à

la sacristie et attendre un autel libre pour le Saint
Sacrifice. Bien peu prétendent ce matin à la consolation d'une Messe au Calvaire, et je m'estimai des plus
privilégiés lorsque, après une heure seulement d'attente, le Frère Sacriste des Franciscains me condui-
sit à l'autel de l'apparition du Christ ressuscité à
Marie-Madeleine, l'endroit où, dès l'aurore de la
résurrection, à huit pas du saint tombeau, s'échan-
gèrent entre Jésus et la pécheresse pénitente, le
« Maria! » — le « Rabboni. » De l'hostie consacrée
en ce lieu plein d'un tel souvenir on croit entendre
le même appel, et, sans efforts, le cœur touché redit :
« Rabboni ». O mon bon Maître !

Nous rentrons, bientôt après, à Notre-Dame de
France : il faut bien procéder à une installation sommaire dans les cellules qui nous ont été désignées.
Les bagages nous ont devancés ; ils s'étendent sur
deux longues lignes dans le vestibule et le couloir
du rez-de-chaussée. Ladislas, de son œil perçant, a
vite reconnu nos valises, et grâce à son activité, nous
étions des premiers installés. La figure épanouie de
chaque pèlerin traduit le *Bonum est nos hic esse !*
Pensez donc, cher lecteur : être chez soi, trouver une
chambre proprette, un vrai lit, de l'eau à discrétion
pour rafraîchir mains et visage, douceurs que nous
ne connaissions pas depuis notre départ de Poitiers ;
et ce « chez soi », il est à deux pas du Saint-Sépulcre !
Toutes fatigues sont oubliées, on se sent revivre. O
mon Dieu, merci !

Or ça, ami Ladislas, orientons-nous ; le Cher Frère

Evagre, une vieille connaissance, déjà, d'Alexandrie
et du Caire, nous permettra bien d'étudier la Ville
Sainte à vol d'oiseau du haut de la terrasse de son bel
établissement: nous n'en sommes séparés, du reste,
que par la traversée de la route et l'épaisseur du
mur d'enceinte au côté intérieur duquel il est adossé.

De cet observatoire et regardant l'orient, nous
avons devant nous, sur une même ligne, le dôme du
Saint-Sépulcre et à l'autre extrémité la coupole de la
mosquée d'Omar, sur l'ancien temple de Salomon ;
— à notre droite, le patriarcat latin et l'église cathédrale, la Tour de David touchant à la porte de Jaffa,
le quartier arménien, et dans la même direction,
mais au delà du mur d'enceinte, le minaret qui dési-
gne le Cénacle ; — à notre gauche, le couvent et
l'église du Saint-Sauveur, résidence des Pères Franciscains, la porte Judiciaire, la Voie Douloureuse, le
couvent des Dames de Sion, l'église Sainte-Anne,
la porte Sitti-Mariam.

La ville (55.000 habitants environ, dont les Juifs
forment la moitié) ne mesure pas plus de 4 kilomètres de circuit ; les murailles crénelées et en parfait
état de conservation sont ouvertes par sept portes : au
nord la porte de Damas et la porte d'Hérode ; à l'est,
la porte Sitti-Mariam (et la porte dorée, murée par
les musulmans) ; au sud, la porte des Maugrabins
et la porte de Sion ; à l'ouest, la porte de Jaffa et la
porte de Notre-Dame de France.

Les musulmans, au nombre d'environ 9,000, se
sont groupés au nord et à l'est sur la colline d'Acra

et le mont Moriah, dans le voisinage de l'ancien
Temple de Salomon ; les Juifs occupent le quartier
sud, le Tyropæon, où sont construites leurs synagogues; les Arméniens (5 ou 6,000) se sont fixés dans
le voisinage de la Tour de David ; et les catholiques
(environ 2,800), autour du Saint-Sépulcre, à
l'ouest.

Les cimetières, on les rencontre un peu partout
en dehors de la ville : cimetière musulman, le long
des murailles de la mosquée d'Omar, en vue du
Mont des Oliviers ; cimetière juif, au sud du quartier israélite; et, groupés autour du Cénacle, les cimetières catholique, protestant, grec et arménien.

A Jérusalem, ni commerce ni industrie ; rues
étroites et coupées par des marches d'escalier; aspect
misérable, population indolente et d'une hygiène
quelque peu rudimentaire.

Ce coup d'œil général nous confirme, Ladislas et
moi, dans cette pensée, que Jérusalem est une ville
dans laquelle il faut venir les yeux fermés pour n'y
vivre que par les souvenirs du passé, mais quels
souvenirs !

C'est la ville de Melchisédch, roi de Salem, la ville
des Jébuséens ; le nom de Salem et le nom de Jébus
fils de Chanaan se retrouvent dans Jébusalem ou Jérusalem. Que reste-t-il de cette ville primitive ? — C'est
la ville de David et de Salomon avec ses monuments,
son temple, ses palais, ses bois sacrés où les rois de
Juda se rendirent prévaricateurs; Nabuchodonosor,
aux jours de la captivité de Babylone, a tout détruit.

— C'est la Jérusalem reconstruite avec l'assentiment
de Cyrus, par Zorababel et Néhémie, la Jérusalem des
Machabées ; les Syriens, les Romains y ont semé la
désolation. — C'est la Jérusalem qui a entendu les pré-
dications du Messie, qui fut témoin de ses miracles,
qui a vu couler ses larmes et recueilli ses malédic-
tions, la ville qui fut inondée de son sang. Où est-
elle ? Titus accumula ruines sur ruines, et brûla le
temple ; ce qui restait est tombé sous les coups de
l'empereur Adrien. — C'est la ville qui, trois siècles
après, s'est embellie des basiliques de sainte Hélène ;
en 614, le roi des Perses, Chosroès, la saccagea avec
une haine féroce. — C'est la ville des croisades au XIIe
siècle ; moins de cent ans après, elle retombe au pouvoir du Croissant, et depuis lors, elle subit le joug des
Égyptiens, des Mameloucks, de l'empire Ottoman.

Le pèlerin égaré au milieu de ces ruines ne peut
donc que demander au passé de laisser revivre tous
ces souvenirs, de dérouler cette longue chaîne d'évé-
nements qui embrassent 34 ou 35 siècles de l'histoire
du monde. On vient à Jérusalem pour se souvenir...
et prier.

XV.

VOIE DE LA CAPTIVITÉ. — VOIE DOULOUREUSE.

Prier en parcourant la voie de la captivité, prier en suivant la voie douloureuse: l'âme se livre d'elle-même à ce pieux instinct, nul pèlerin ne résiste à ce besoin du cœur.

Prévenant mon désir, Ladislas, dès les premiers jours, veut suivre pas à pas les traces du Sauveur sur le chemin que la sainte Victime parcourut au soir et dans la nuit de son agonie: du Cénacle au mont des Oliviers, et du jardin de Gethsémani aux tribunaux d'Anne, de Caïphe, d'Hérode, de Pilate.

Nous étions cinq pèlerins. Le Cénacle fut notre point de départ.

Le Cénacle, hélas! demeure fermé aux chrétiens: les clefs sont aux mains d'un soldat turc, et, comme sur cette terre musulmane tout est vénal, elles ne sont livrées que contre bakchiche. Payer tribut aux fils de Mahomet pour vénérer le Cénacle du Fils de Dieu! Quelle honte pour le peuple chrétien! disons plutôt quel châtiment! Il donne la mesure de nos crimes. Nous aurions voulu, baisant les murs de ce *Cœna-culum grande, stratum*, laver l'opprobre de la profanation. Quand les peuples latins mériteront-ils l'honneur de redevenir les gardiens du sanctuaire ?

Le mont Sion, avant l'établissement de la troisième enceinte, était compris dans la cité ; à l'heure actuelle il est hors des murs. En relisant le sermon après la Cène, nous descendons par un sentier aride jusqu'à la vallée de Josaphat, remarquant l'endroit désigné par la tradition où se tenaient les huit apôtres pendant l'agonie, tout près du monument d'Absalon.

Nous sommes au jardin de Gethsémani ; les oliviers conservés avec un soin pieux — et dont on pourrait dire comme il a été chanté du sycomore de Matarieh : « Ses rameaux ont des ans, la racine a des siècles », sont les rejetons peut-être de ceux qui ont été les témoins des prières divines. A un jet de pierre est la grotte de la sueur sanglante, dont les murs ont entendu les accents de la prière résignée : « Mon Père, que votre volonté s'accomplisse et non la mienne. »

Là, du moins, le cœur est satisfait, la foi est consolée ; les pierres que nous étreignons, c'est le vrai rocher de l'agonie, on respire l'atmosphère de la Passion. Dans d'autres sanctuaires, hélas ! pour retrouver la Jérusalem du Christ mourant, il faudrait atteindre la première couche d'un sol trois fois bouleversé. Ici, l'âme prie et pleure.

A la suite du cortège que nos souvenirs et notre foi reconstituent, nous descendons la vallée du Cédron, franchissant le torrent ; puis, gravissant la colline escarpée de l'Ophel, nous pénétrons dans l'enceinte de la ville par la porte Sterquiline ou des

Maugrebins. Un sentier nous conduit à la maison
d'Anne, qui se croyait le droit, en sa qualité d'ancien
pontife, d'interroger le Sauveur. Le gantelet d'un
brutal soldat souffleta ici la face de mon Sauveur! La
demeure du beau-père de Caïphe est remplacée par
un couvent schismatique de religieuses arméniennes.

Par la porte de Sion nous allons au palais de
Caïphe, près du Cénacle : « Je t'adjure, par le Dieu
« vivant, de nous dire si tu es le Christ, le Fils de
« Dieu. » — « Tu l'as dit, je le suis », répond avec
autorité le prisonnier des Juifs. Et pendant que le
Fils de Dieu rendait de lui ce témoignage, là, dans le
vestibule, s'élevait la voix de Pierre le renégat : « Je
ne connais point cet homme, j'en fais le serment. »
Pardonnons-lui cette faiblesse : une grotte que nous
pouvons apercevoir d'ici a vu couler les larmes de
son repentir : *Egressus foras flevit amare.* Le palais
de Caïphe est devenu un couvent arménien, et dans
la chapelle on montre le réduit où le Sauveur fut
insulté et bafoué la nuit entière; l'autel est formé de
la *pierre* qui murait le Saint-Sépulcre et qui fut renversée par l'ange au matin de la résurrection.

Pour rejoindre le tribunal de Pilate, nous devrons
traverser les rues étroites et malpropres du double
quartier juif et musulman, rasant d'aussi près que
possible la muraille nord-ouest de l'enceinte du
Temple. Quel long et humiliant parcours pour le
Sauveur présenté à la foule comme un imposteur et
un perturbateur du repos public! Pilate avait son
prétoire près de la tour Antonia : « Je ne trouve en

cet homme aucune cause de mort. » Puisque Jésus
est Galiléen, qu'il soit conduit à Hérode l'inces-
tueux qui venait de faire décapiter Jean-Baptiste, et
dont le père avait ordonné le massacre des Innocents.
Son palais, un peu plus au nord, a été remplacé, derrière le couvent des Dames de Sion, par de misérables
échoppes musulmanes.

Ce tétrarque, digne d'Hérodiade, ne sut qu'ajouter
aux précédents outrages la robe blanche de l'insensé ;
et le Juste qui, dans sa dignité, ne crut point devoir
prononcer une seule parole devant celui qui s'était
attiré le *non licet* » de Jean-Baptiste, fut renvoyé à
Pilate.

Ici finit la voie de la captivité, et commence la
voie douloureuse.

Ce chemin des opprobres, des chutes, des inénar-
rables souffrances du portement de croix, nous
l'avons suivi, nous aussi, jusqu'au Calvaire ; mais
les pèlerins de la Pénitence l'ont transformé en chemin triomphal. Deux fois pendant notre séjour à
Jérusalem, trois mille catholiques (car les chrétiens
de la ville s'étaient joints à nous) ont exalté, acclamé,
chanté la Croix au milieu des fils de ceux qui avaient
blasphémé et dont la bouche déicide a hurlé le
« *Crucifigatur.* »

> « Vive Jésus ! vive sa Croix !
> « N'est-il pas bien juste qu'on l'aime ?

Les acclamations à Jésus Eucharistique sur l'esplanade des piscines de Lourdes peuvent seules rap-

peler l'enthousiasme des cœurs dans ces deux inoubliables triomphes. Ce fut un trait de sublime
audace et digne de la foi vaillante du R. P. Picard,
d'inaugurer de telles manifestations dans une ville
où les conflits de cultes dissidents surgissent à toute
heure, et d'imposer aux pires ennemis de notre reli-
gion, pendant ce Chemin de Croix solennel, l'absten-
tion, le calme, voire même le respect.

Lorsque l'escouade des jeunes gens dont faisait
partie Ladislas vint à son tour charger sur ses épaules
la lourde croix de sept mètres, portée processionnel-
lement dans les rues de la voie douloureuse, je vis
deux larmes perler aux paupières du pauvre enfant.
Dieu en soit béni! il apprenait à cette école du portement de croix la loi de l'expiation et du sacrifice ; au
courant de la vie, il n'oubliera plus, je l'espère,
d'adjoindre à la Passion du Sauveur le complément
personnel réclamé par le grand apôtre : « *Adimpleo
quæ desunt.* »

Sur la voie douloureuse, trois sanctuaires retiennent les pèlerins :

La chapelle de la flagellation. Elle est desservie
par les Pères Franciscains; mais qu'elle est encore
pauvre, froide, nue ! C'est là pourtant que sur l'ordre
du *doux* et *conciliant* Pilate, qui venait de reconnaître l'innocence de Jésus, s'accomplit la scène la
plus épouvantablement cruelle de la Passion. Le
chrétien, agenouillé près de l'autel, les yeux fixés
sur l'inscription: « *Hic Jesum flagellatum tradidit ut
crucifigeretur,* si peu qu'il ait souvenir des révéla-

tions de la pieuse Catherine Emmerich, croit entendre encore le sifflement des verges qui tracent des
sillons sanglants, les coups mats des fouets plombés
qui multiplient les meurtrissures, les soupirs étouf-
fés de la sainte Victime, lorsque des lambeaux de
chair demeurent attachés à l'instrument du supplice.

*La chapelle du couronnement d'épines et de l'Ecce
Homo.* Des âmes vaillantes et bien françaises, — les
Dames de Sion, fondées par le Père Ratisbonne —
ont la garde de ce sanctuaire. Au-dessus du maitre-
autel et enclavées dans les murs du couvent se retrouvent quelques assises de l'arc de l'*Ecce Homo*,
et dans de longs cloîtres souterrains, le pavé du
lithostrotos. Devant cet arc qui recouvre une statue
en marbre blanc du Sauveur flagellé et couronné
d'épines, ont retenti les cris de mort de la foule :
« Que ferai-je de Jésus? » demandait le gouverneur.
— « Qu'il soit crucifié! Nous ne voulons pas qu'il
« règne; faites-le mourir, et que son sang retombe
« sur nous et sur nos enfants! » Après 18 siècles, la
charité chrétienne veut éteindre ces blasphèmes,
cette lourde malédiction qui pèse sur le peuple
déicide : deux fois le jour, d'innocentes orphelines
juives redisent d'une voix suppliante la prière du
pardon de Jésus en croix : « *Pater, dimitte illis. Mon
Père, pardonnez-leur; ils ne savent ce qu'ils font.* » Je
ne sache rien de plus plaintif, de plus poignant que
cette supplication, en un tel lieu, des enfants pour
leurs pères.

La chapelle de sainte Véronique. Encore un sanc-

7*

tuaire, malgré sa nudité, bien cher aux pèlerines de la
Pénitence. Toutes ces pieuses compagnes seraient
de taille à se montrer les émules de Véronique :
leur assiduité devant le tabernacle, l'apostolat près
des enfants des écoles sans Dieu, le soin des pauvres sous la grossière enveloppe desquels leur foi
sait découvrir Jésus-Christ, tout cela ne renouvelle-
t-il pas, et chaque jour, l'acte compatissant de la
noble épouse de Zachée ?

Le seul ornement vraiment digne de ce souvenir,
en cette humble chapelle achetée depuis peu par les
Grecs-Unis, c'est une « Sainte Face » enfermée dans
un cadre artistique de grande valeur, et offerte par
le diocèse de Tours. Allons puiser dans ce sanctuaire
un plus grand zèle pour essuyer les larmes et consoler
le cœur du divin Crucifié dont, hélas ! tant d'ingrats
renouvellent la passion.

CHAPITRE XVI.

LE SAINT SÉPULCRE. « LES IMPIES, SEIGNEUR, ONT ENVAHI
VOTRE HÉRITAGE. »

Le pèlerin qui pour la première fois pénètre dans
la basilique du saint Sépulcre, malgré l'étude qu'il
en ait pu faire, ne saurait se soustraire à une impression étrange ; il se croit le jouet d'une illusion. —
Est-ce l'entrée d'un temple ?... ou d'un corps de
garde ? A sa gauche est un large divan transformé en
lit de camp sur lequel reposent, conversent et fument
des soldats turcs. Devant lui se dresse une haute
muraille, et au pied, la pierre de l'Onction. — S'il est
seul, il s'égare à droite dans des escaliers, à gauche
dans des impasses : rien ne ressemble moins que
cette entrée au parvis d'une basilique. C'est sur place
et le guide en main qu'il convient d'étudier son itinéraire, renonçant à chercher dans ces constructions
et chapelles un plan d'ensemble.

Ce n'est plus, hélas ! le riche et artistique reliquaire
élevé par Constantin sur le théâtre de la mort, de la
sépulture, de la résurrection du Sauveur, et renfermant dans sa vaste enceinte le calvaire et le saint
tombeau. Au commencement du septième siècle,
Chosroès n'y laissa que des ruines. Modeste, évêque

de Jérusalem, entreprit de réparer ce désastre, et le
plan de restauration qu'il avait projeté reçut un commencement d'exécution ; quatre chapelles furent
construites au Golgotha, à la Résurrection, au lieu de
l'apparition de Jésus à sa sainte Mère, à l'Invention
de la sainte Croix. Au milieu du onzième siècle, ce
plan général fut complété par la rotonde recouvrant
le saint Sépulcre ; en 1130 les Croisés construisiren ,
la façade *sud* qui est l'entrée actuelle. Un incendie —
dû à la malveillance, croit-on, — détruisit la coupole
en 1808 ; reconstruite par les Grecs schismatiques, et
menaçant ruine de nouveau en 1862, elle fut restaurée
à frais communs par la France, la Russie et la Turquie.

L'édifice actuel, dans ses lignes principales, est
orienté de l'Est à l'Ouest ; mais, nous l'avons dit, la
porte d'entrée est ouverte dans la façade méridionale.
L'intérieur de la basilique mesure en longueur (inté-
rieurement) 48 mètres 30, sans y comprendre la
profonde chapelle de Sainte-Hélène formant une sorte
d'abside souterraine de 23 mètres. Le style dominant
est le roman associé au gothique des croisades, mais
défiguré par des ornementations de détail de mauvais goût.

Deux coupoles dominent l'édifice : le grand dôme,
supporté par 18 piliers massifs, et qui mesure 19 mètres de diamètre, est le pavillon tendu au-dessus de
l'édicule du saint Sépulcre ; l'effet est grandiose. Une
seconde coupole de moindre importance est élevée
sur l'ancien chœur des chanoines latins, devenu la
chapelle des Grecs-schismatiques.

Le Calvaire et le Sépulcre, voilà les deux joyaux de cette basilique insigne.

L'éminence du Golgotha où coula le sang rédempteur est à droite, en entrant ; le pèlerin y monte par l'escalier de 18 marches qui se trouve à l'angle N.-E. de la pierre de l'Onction ; l'esplanade qui est à 4 m. 70 au-dessus du sol de l'église a été nivelée, et, fort mal à propos, détachée du saint Sépulcre par ordre de sainte Hélène. Trois autels ornent cette chapelle, la plus vénérable qui soit au monde : l'autel de la *Crucifixion* ; l'autel du *Stabat* ; l'autel de la *Rédemption*. Pour le chrétien prosterné sur ces dalles et reconstituant par le souvenir le mystère sanglant accompli il y a 18 siècles, ces heures de recueillement, précieuses entre toutes, laissent l'âme pénitente dans la paix, l'âme fidèle dans la voie de la persévérance.

Le saint Tombeau, renfermé dans un édicule de marbre, est isolé sous le dôme central : il mesure 8 m. 25 sur 5 m. 1|2 ; séparé en deux chambres dans le sens de la longueur (la chambre de l'ange, et le tombeau proprement dit), il permet à quatre personnes au plus de s'agenouiller et de vénérer la Tombe d'où le Christ est sorti victorieux.

Le Golgotha et le saint Sépulcre, voilà les deux trésors ; mais, poignant souvenir ! catholiques, nous n'avons de droit la jouissance ni de l'autel principal du Calvaire, ni du saint Tombeau. L'héritage de la sainte Eglise, les sanctuaires de Jérusalem pour le rachat et la conservation desquels nous avons versé le plus pur de notre sang, sont devenus le butin des infidèles, des schismatiques. *Deus, venerunt gentes in hereditatem tuam, polluerunt templum sanctum tuum*; les mécréants se sont partagé à nouveau, comme autrefois les soldats du Calvaire, les vêtements sacrés du Christ.

La basilique compte vingt-quatre chapelles et autels; *huit* seulement sont laissés aux Latins. — Au dehors, l'emplacement du Temple est profané par une mosquée ; même profanation pour l'église de la Présentation, de l'Ascension ; le Cénacle, ce lieu sacrosaint de l'Eucharistie, du sacerdoce, de la rémission des péchés, de la Pentecôte, est aussi devenu mosquée ; ce n'est pas assez, harem ! !! Les autres sanctuaires élevés par Constantin, par les Croisés, sont aux mains des Grecs schismatiques, des Arméniens, des Syriens et des Coptes.

Mais le Calvaire? — L'autel principal, l'autel de la Rédemption, est au schisme grec.

Mais le saint Sépulcre ? — Il est à tous; les Grecs toutefois ont la part du lion, et le prêtre catholique n'y peut célébrer la messe (la nuit de 3 h. à 6 h.) qu'après l'office des Orientaux schismatiques ; et, en raison de cette heure matinale, les prêtres pèlerins qui veulent accorder cette consolation à leur piété passent la nuit dans des cellules préparées par les Pères Franciscains.

Une Messe au Calvaire ! une messe au saint sépulcre ! c'est l'idéal rêvé par les âmes sacerdotales, et je bénis Dieu de m'avoir accordé une fois dans la vie ces grandes joies. Le chambre que j'occupai pendant les

premières heures de la nuit passée au saint Tombeau
a pour pavé une mosaïque remontant à sainte Hélène;
la fenêtre plongeant sur la nef laissait entrer dans
mon étroit réduit le chant (nasillardement exécuté) de
la belle liturgie orientale.

Chaque jour, à quatre heures de l'après-midi, s'accomplit dans la basilique une cérémonie qui revêt
un cachet de réparation pour toutes les profanations
multipliées par le schisme dans le lieu saint : c'est la
procession franciscaine, suivie pendant le pèlerinage
par un grand nombre de Français, et le reste de
l'année, par quelques pieux chrétiens de Jérusalem.

Le cortège, avec des cierges allumés, fait une
première station à la colonne de la Flagellation
(chapelle de la Vierge); puis à la chapelle du lieu où
Jésus, gardé par des soldats, attendait les préparatifs de son supplice ; à l'autel du partage des
vêtements; à la chapelle de l'Invention de la sainte
Croix (sainte Hélène) ; à l'autel du couronnement
et des opprobres; aux trois autels du Calvaire ; à la
pierre de l'Onction; au saint Sépulcre : à l'autel de
l'apparition à Marie-Madeleine; et enfin le retour à
la chapelle de la Vierge.

Pendant les hymnes et versets liturgiques de cette
cérémonie, un mot revient constamment sur les lèvres
du célébrant; il est répété à chaque station et il donne
une saveur merveilleuse à la prière qui l'accompagne :
Hic. *Ici!* Ce n'est qu'un mot; mais comme il pénètre
l'âme! *Ici*, Jésus était garrotté; *ici*, il fut dépouillé de
ses vêtements; *ici*, étendu sur la croix, il présenta ses

mains et ses pieds aux clous de la crucifixion ;
ici, il a promis le ciel au bon larron et prié pour ses
bourreaux ; *ici*, il a reposé trois jours jusqu'au triomphe de la résurrection, etc. Et lorsque la foule s'agenouille avec le prêtre pour baiser le sol consacré par
ces ineffables mystères, elle redit : C'est *ici !*

Laissez-moi, cher lecteur, commettre une indiscrétion, vous révélant un secret tout à l'honneur d'une
âme française. En dehors des époques de pèlerinage,
cet office de réparation ne compte que peu de témoins.
Une telle solitude, un tel abandon toucha l'âme d'une
noble Bretonne. Aucun devoir de famille ne la
retenant plus en France, elle consacra aux œuvres de
charité la plus grande part de son patrimoine, ne se
réservant qu'une modeste pension alimentaire. Il y
a sept mois, elle dit adieu à sa patrie pour devenir
citoyenne de la Ville Sainte : dans quel but ? Elle s'est
imposé la mission de représenter au saint Sépulcre la
France... qui oublie ses devoirs, la France pénitente ;
elle obéit à cette seule pensée : « Que Dieu m'agrée
comme mandataire de mon cher pays ! Chaque jour
en son nom je prierai, et le Christ trouvera à toute
heure une âme française de garde à son tombeau. »

Si un jour votre foi vous conduit à Jérusalem,
vous remarquerez une chrétienne recueillie, à la mise
modeste, accompagnant la procession ; c'est elle !
Saluez-la : il y a, dans ce cœur, du sang des croisés ; de
l'héroïsme des martyrs.

CHAPITRE XVII.

LE SANCTUAIRE DE SAINTE-ANNE, TERRE FRANÇAISE. — EXCURSION AVENTUREUSE EN PLEIN QUARTIER MUSULMAN.

C'était au quatrième jour de notre arrivée à Jérusalem : le consul général de France, l'honorable M. Ledoulx, voulait nous faire les honneurs du sanctuaire donné à notre patrie par le Sultan en reconnaissance du sang versé à Sébastopol.

C'était notre salaire pour notre participation à la guerre de Crimée. Ah! si la France alors avait voulu! Comprenant sa mission providentielle, elle n'avait qu'un mot à dire : de la Russie affaiblie, de l'empire Ottoman sauvé par nos armes, elle obtenait de devenir l'unique protectrice des Lieux Saints, et le drapeau national ombrageait la tombe « du Christ qui aime les Francs ». Le devoir, hélas ! ne fut pas compris.

La France reçut ce sanctuaire, et le consul nous dira bientôt, dans une patriotique allocution, la glorieuse part que prit à cet acte son prédécesseur, M. de Barrère.

Ladislas avait été retenu au moment du départ des pèlerins pour Sainte-Anne ; nous nous hasar-

dons à rejoindre après coup nos amis, refusant par
un merci un peu présomptueux le jeune guide qui
nous offrait ses services. Le plan indicateur à la
main, nous nous orientons vers le *Nord-Est*, con-
tournant à notre gauche le rempart de la ville jusqu'à
la porte de Damas : pilastres, bastions, créneaux,
mâchicoulis, Ladislas retrouve là et admire tous les
éléments d'une porte de ville fortifiée. Nous nous
engageons dans des rues où, étrangers arrivés de la
veille, nous ne trouvons aucun point de repère :
notre marche, guidée sur la seule direction du soleil,
est à l'aventure. Ayant quitté trop tôt la *grande*
artère qui conduit à la chapelle de Notre-Dame du
Spasme, nous nous jetons dans un affreux dédale de
ruelles infectes ; deux personnes de front suffisent
pour obstruer le passage, et l'on y coudoie des personnages d'une civilisation peu raffinée et d'une
aménité douteuse. Un chrétien en plein midi serait
égorgé dans ces impasses, qu'une demande de
secours resterait sans écho.

C'est la seule fois, je l'avoue, où je me suis repenti
de n'avoir point à la poche ou à la main un porte-
respect quelconque. Après bien des circuits, un long
couloir voûté s'ouvre devant nous : Ladislas l'enfile
à tout hasard, je le suis, et nous nous trouvons, je
l'ai appris depuis l'aventure, dans le voisinage des
quartiers réservés du pacha, près d'une porte latérale
du parvis de la mosquée d'Omar. Un bachibouzouk
d'un geste insolent nous intime l'ordre de rebrousser
chemin, et d'aller... où ? Dans ce quartier où loques

et souquenilles semblent avoir seules le libre droit de circulation, nous errons pendant des minutes et des minutes qui nous semblent des heures.

L'état du sentier cependant me laisse croire que nous approchons de la porte el-Mogharibeh (des immondices) ; je suppose que Ladislas partage mon sentiment au soin qu'il met à éviter de droite et de gauche ce qui pourrait souiller ses fraîches bottines de coutil.

Encore quelques pas, et un soupir de satisfaction dilate notre poitrine ; nous respirons à l'aise en retrouvant la pleine campagne, au pied du rempart *sud*, et au milieu de centaines de tombes blanchies. Nous avons devant nous la vallée de Josaphat, le lit du Cédron, le mont des Oliviers, le couvent du *Pater* et le chemin de Béthanie.

Nous nous hâtons moins maintenant d'arriver à Sainte-Anne. Assis l'un et l'autre sur une pierre écroulée d'une tombe juive, nous rêvons ; je ne sais quel cours Ladislas donne à son imagination ; pour moi, j'oublie l'heure actuelle, c'est le passé qui revit : le passé des temps évangéliques, et, entre tous, les derniers épisodes de la semaine des Rameaux qui eurent pour théâtre cet horizon baigné des feux du soleil levant. Béthanie, le parfum de Madeleine, la malédiction du figuier stérile, les pleurs de Jésus, l'annonce de la destruction de la ville et du temple, et enfin l'agonie, la trahison de Judas, le cortège lugubre du Jeudi Saint... tout est là, dans ces deux plis de terrain que j'embrasse du regard.

Le grelot d'une de ces chèvres noires, aux oreilles tombantes, que l'on rencontre par troupeau en tous ravins, nous ramène à la vie réelle. Il est temps de gagner la porte Sitti-Mariam, si nous voulons « arriver au rendez-vous ». Encore une émotion : je vois Ladislas bondir d'effroi et chercher à portée de sa main un projectile. Ce n'est ni le *basilic* ni l'*aspic* qui causent cette frayeur ; mais pour la première fois nous trouvons, sous nos pas, un de ces hideux lézards gris, inoffensifs sans doute, mais dont le cou gonflé, la large tête, les pattes épaisses et le corps de 25 centimètres inspirent dégoût, répulsion ; c'est un mélange de crapaud et de salamandre. Le reptile a bientôt fait de se mettre à couvert des coups dont le menace le bras de mon jeune compagnon ; il a vingt retraites pour une dans les décombres qui forment le talus du fossé.

Au détour de la rue, le drapeau tricolore flotte sur un monument. Nous sommes à Sainte-Anne, terre française ; des cœurs français accueillent les deux retardataires comme ils ont accueilli les pèlerins de la Pénitence. Depuis 1878 les vaillants missionnaires du cardinal Lavigerie — les Pères blancs — ont la garde du *sanctuaire* et de l'*œuvre* de Sainte-Anne. Le sanctuaire, c'est une vieille église du ixe siècle portant en tous ses détails un cachet d'origine authentique, et restaurée il y a quelque vingt ans par un architecte français ; elle abrite le sol de l'ancienne demeure de sainte Anne et de saint Joachim ; là s'accomplit le mystère de la Conception immaculée et de la Nativité de Marie. Le sanctuaire ne revendique point d'autre gloire : elle lui suffit.

Ce ne fut pas cependant sans une certaine fierté patriotique que les pèlerins entendirent le représentant officiel de notre pays acclamer en un beau langage cette gloire de Sainte-Anne : « Le Sultan Abd-ul-Medjid, délivré des craintes que lui inspirait son colossal voisin, et rassuré sur le sort de son Empire, ne se méprenait pas sur l'importance du service que la France venait de lui rendre. M. de Barrère, alors consul à Jérusalem, sut mettre à profit des circonstances aussi favorables, et obtint, après de longues et laborieuses négociations, le don, à l'empereur Napoléon, de la basilique et du sanctuaire de Sainte-Anne. Son cœur de Français lui avait signalé le sanctuaire de Sainte-Anne comme celui qui répondait le mieux à sa dévotion de Breton. Mais dans quel état se trouvait cette basilique ! Quelle dégradation et quelles ruines ! Les décombres accumulées par plusieurs siècles de haine et de mépris s'élevaient jusqu'à ces voûtes... Quant au sanctuaire (rappelant le double mystère de la Conception immaculée et de la Nativité de Marie), malgré les difficultés matérielles et morales pour y pénétrer, il n'était accessible à la piété des chrétiens qu'au prix d'avanies nombreuses, de sacrifices considérables....

« L'Empire a commencé la restauration de Sainte-Anne ; le gouvernement de la République l'a conduite à bonne fin : tant il est vrai que la France, sous quelque régime qu'elle se trouve, tient à honneur de continuer ses glorieuses traditions en Orient, et ne faillira pas au devoir que lui impose le légitime souci de son glorieux passé.....

« Ce sanctuaire est confié à la garde de ces sentinelles avancées, de ces pionniers de la foi et de la civilisation que l'on appelle les missionnaires d'Alger. Fiers du précieux dépôt qu'ils ont reçu, pleins de gratitude pour la préférence flatteuse dont ils ont été l'objet parmi tant de communautés qui sollicitaient l'honneur d'être les gardiens de notre basilique nationale, ils s'acquittent, sous le haut patronage de S. E. le cardinal Lavigerie, de la dette de reconnaissance qu'ils ont contractée envers notre pays, en célébrant tous les jours une Messe particulière pour la gloire et la prospérité de la France. Ils font germer et grandir dans le cœur de 80 séminaristes, confiés à leur sage direction, l'amour du pays qui les a adoptés dans le noble but de faire briller par leurs soins l'ancien éclat de l'Eglise d'Orient.»

Or, ce religieux espoir de hâter l'union de l'Eglise grecque avec la chaire de Pierre, ils le poursuivent par la foi et le patriotisme : ils forment sous leurs yeux un clergé oriental qui conservera ses rites traditionnels, tout en adoptant nos croyances absolument orthodoxes ; mais ils s'ingénient aussi à donner aux 80 jeunes gens de choix, qui leur ont été confiés par les évêques de Syrie, une éducation toute française, imposant l'étude et *l'usage* de notre langue dans leurs promenades et leurs jeux.

Encore des Français de cœur qui sortiront de ce foyer religieux où l'on sait mener de front *vertu*, *science* et *patriotisme*.

Ladislas, insensible à la partie du programme comprenant le discours et l'intermède musical de la fanfare, m'avait quitté depuis un instant ; son instinct de chercheur l'avait conduit à l'entrée de vastes souterrains que des fouilles récentes venaient de mettre à jour. Il vint m'annoncer sa bonne fortune et me conduire à l'un des Pères blancs, archéologue distingué et directeur des travaux, qui exposait à trois ou quatre pèlerins ses théories sur ces excavations et les ruines d'une basilique, avec porte grecque du ive siècle : c'est la célèbre piscine de Siloë dont parle saint Jean et sous les portiques de laquelle le Sauveur avait guéri un paralytique, infirme depuis 38 ans.

« Il existe à Jérusalem une piscine environnée de « cinq portiques, sous lesquels gisait une grande « multitude de malades... attendant le mouvement « des eaux, car l'ange du Seigneur descendait à cer- « taines époques dans la piscine et l'eau s'agitait. « Celui qui le premier descendait dans la piscine « après le trouble de l'eau était guéri, de quelque « maladie qu'il fût atteint. »

La piscine est déjà déblayée sur une longueur d'environ 50 mètres et dessine un rectangle allongé de 10 à 11 mètres de largeur. Comment un rectangle pouvait-il être décoré symétriquement de cinq portiques, puisqu'il ne possède que quatre côtés ?

Chaque quai du réservoir était couvert par une galerie, et, au milieu du grand côté du rectangle, un pont jeté pour rejoindre les deux rives opposées formait le cinquième portique.

Un fragment de colonne de ces anciennes galeries engagé dans les constructions mesure o, 90 cent. de diamètre. Or, d'après les règles précises du rapport entre le diamètre et la hauteur des colonnes grecques, on conclut rigoureusement que l'entablement reposant sur les pilastres était à une hauteur de 10 mètres : ces proportions n'étaient point indignes du temple de Salomon.

Un indice précieux est venu confirmer la présomption des archéologues : sur l'une des parois de l'ancienne basilique, une peinture à fresque mutilée laisse entrevoir deux ailes d'ange étendues, et, au-dessous, des lignes ondulées rappelant les flots de la mer.

Ce n'est pas au moment de la prise de Jérusalem par Titus que fut détruit ce monument, mais plus tard, sous l'empereur Adrien ; et l'on suppose, avec des raisons fort probables, que les nombreuses colonnes qui seraient demeurées intactes dans ce bouleversement auraient servi à la construction des mosquées.

Prenant respectueusement congé du docte cicerone, je lui demandai la faveur de revenir au premier jour célébrer la sainte Messe à la crypte de la Nativité de Notre-Dame.

— « Revenez dimanche, nous dit-il : vous aurez

la satisfaction d'assister à l'Office solennel du rite grec célébré pour notre École apostolique. » Et, s'adressant à Ladislas : « Je vous promets, mon jeune ami, des surprises qui graveront dans votre mémoire le souvenir de votre visite à Sainte-Anne. »

Le rendez-vous fut accepté ; mais je dus au préalable faire comprendre à notre jeune sourd-muet que la sainte Eglise, tout en conservant l'intégrité du dogme, autorise pour certaines régions de l'Orient une liturgie, des cérémonies différentes des nôtres (avec idiome propre), et qu'en vertu de cette tolérance les Syriens ont conservé le rite grec-arabe, et la communion sous les deux espèces sacramentelles.

Les détails complets de cet Office ne sauraient trouver place ici ; notons cependant les points saillants, dont quelques-uns attirèrent plus particulièrement l'attention de Ladislas :

1· On dresse pour le célébrant, à côté de l'autel majeur de la chapelle, un autel secondaire sur lequel s'accompliront les rites préparatoires à l'offrande du vin et du pain non-azyme (c'est-à-dire, fermenté). Ce pain, en forme de petit gâteau, est fractionné à l'avance en un nombre symbolique de parcelles.

2° Le prêtre remplace la chasuble de la liturgie romaine par un ample manteau qui l'enveloppe entièrement et sur le col duquel, au moment de l'Offertoire, un assistant attache le voile du calice qui fait ainsi office de chaperon.

3° A ce même moment de l'Offertoire, le célébrant va prendre sur l'autel secondaire le calice et les oblations, et, précédé de thuriféraires et d'acolythes, il les porte en grande pompe à l'autel majeur en faisant le tour du sanctuaire.

4° Si l'on en excepte le moment de la Consécration, il y a absence complète de génuflexions, tant de la part du prêtre que de l'assistance : ce signe extérieur de l'adoration est équivalemment remplacé par un profond salut, permettant à la main de toucher la terre et ensuite de tracer en se relevant un respectueux signe de croix qui diffère du nôtre en ce que l'épaule droite est signée la première, et qu'au mot « ainsi soit-il » la main, large ouverte, repose sur la poitrine. — Ces saluts et signes de croix se répètent à l'infini pendant la Messe grecque.

5° La Communion est distribuée aux fidèles sous les deux espèces. A sa très grande édification (car la tenue était fort pieuse), Ladislas vit s'avancer sur deux rangs les 80 jeunes gens du petit et grand séminaire qui s'étaient préparés à communier : tous recueillis, mais debout après leur profond salut, reçurent une parcelle du pain consacré, humectée du précieux sang et déposée sur une minuscule spatule d'or. Pendant la distribution de la sainte Eucharistie, le chœur modulait un chant liturgique sur une tonalité langoureuse, comme toute musique orientale.

6° Un détail m'a surtout frappé : c'est la part *active* que prend aux chants et aux cérémonies du sacrifice l'assistance entière ; on continue le dialogue rythmé (idiome grec ou arabe, selon la région) entre le célébrant et le peuple. — Que n'en est-il de même en

nos églises françaises où les fidèles, si facilement,
se désintéressent du Sacrifice offert sur l'autel,
Sacrifice cependant qui est *le leur* autant que celui
du prêtre : « Orate fratres, ut *meum ac vestrum
sacrificium.....* » ! — La mélodie est assez variée, mais
semble procéder plutôt par gamme chromatique que
par intervalles de tons complets, de tierce et de quinte ;
l'échelle toutefois est étendue et embrasse plus de
l'octave.

Le livre de chant qui nous a été communiqué
porte le texte arabe interligné avec le texte grec, et la
notation musicale consiste uniquement dans la répé-
tition plus ou moins multipliée de la syllabe sur
laquelle la voix doit moduler ses inflexions.

Dieu veuille rendre fécond l'apostolat de ces zélés
missionnaires, de ces religieux français, toujours les
mêmes, au cœur de l'Afrique et sur le sol d'Orient !
Ils se dépensent, sans ménager leurs forces, à la formation d'un clergé indigène catholique pour ces régions
où le schisme grec est, avec les Grecs-unis, dans l'af-
fligeante proportion de mille contre un. « *Messis qui-
dem multa, operarii autem pauci. Rogate Dominum
messis ut mittat operarios in messem suam.* »

CHAPITRE XVIII.

LADISLAS, PÈLERIN DE BETHLÉEM.

Le lendemain, 13 mai, l'aube matinale trouve debout, dès quatre heures, les pèlerins de la pénitence : Bethléem nous attire par le doux mystère de Noël, qui va jeter dans toutes les âmes un écho prolongé de la paix promise aux petits et aux humbles de bonne volonté.

Ladislas est déjà prêt ; il m'attend.

Anes, chevaux, voitures étaient promis aux voyageurs ; la porte de Jaffa sera le point de départ de l'excursion projetée. Mais, à l'heure dite, ni voitures, ni chevaux ; à peine quelques ânes tenus en laisse. Déception générale! Mais survient M. de B..., l'homme aux expédients ; nonobstant sa barbe grisonnante, il revendique à bon droit sa place au groupe des jeunes marcheurs : « Suivez-moi, et laissez aux infirmes les coussins et banquettes des *coucous* du pays. En avant ! »

Pourquoi non? la matinée est fraîche... pour le moment, la route bien frayée, et neuf kilomètres n'effrayent pas un pèlerin. Ladislas renonce au baudet déjà enfourché ; sa badine, de cravache se fait bâton de voyageur ; les groupes se forment.

Le départ est silencieux. Notre jeune sourd-muet lui-même, peu méditatif par nature, est en plein dans cette partie préparatoire à l'oraison que saint Ignace appelle la *composition du lieu.* Ce travail d'imagination se fait sans efforts, puisque nous foulons le même sentier suivi autrefois par Joseph et sa sainte Épouse, à la veille du mystère de Noël.

A notre gauche se dressent les pentes dénudées du mont « le Mauvais Conseil », bientôt oubliées lorsque nous arrivons au pied de la muraille blanche du nouveau Carmel. La plaine des Raphaïm ou des géants n'a point perdu le souvenir de la double victoire remportée par David sur les Philistins, aux premiers jours de sa royauté. — Ces ruines, entrevues à notre droite, marquent-elles le sanctuaire élevé autrefois sur la maison du saint vieillard Siméon de la Présentation? Peut-être. Saluons du *Nunc dimittis* ce souvenir évangélique. De même, pour la place du térébinthe inclinant ses rameaux, nous dit la tradition, au passage de la Vierge-Mère; une prière aussi au puits des Mages, au rocher du prophète Élie découragé dans sa marche vers le mont Horeb et réconforté par un pain mystérieux.

A ce point de la route, un nuage de poussière nous enveloppe; il est soulevé par un escadron de pèlerins; qui sur un cheval, qui sur un âne, trottinent ou galopent selon les aptitudes réciproques de la monture et du cavalier, pour regagner le temps perdu au départ.

Ladislas les vit-il passer d'un œil indifférent et sans

un léger retour sur son sacrifice ? je ne sais ; mais il
sera généreux jusqu'au bout.

Nous marchons depuis une heure et plus ; le soleil,
clément au début de la course, a aiguisé ses rayons
et nous invite à un repos de quelques minutes au
tombeau de Rachel. Là, fut ensevelie l'épouse de prédilection de Jacob, après la naissance de l'enfant que
la pauvre mère mourante voulait appeler Bénoni
(le fils de ma douleur), mais qui reçut du patriarche
le nom de Benjamin (le fils de ma droite). Bethléem
se découvre à nous dans la direction du sud, et cette
vue active notre marche. De jeunes Bethléémites,
dans l'espoir d'un bakchiche, viennent à notre rencontre ; ces enfants, tout en marchant à nos côtés, en-
filent et maillent avec une adresse étonnante des
chapelets de pèlerinage. Ils travaillent !!! Le fait est
assez rare pour être consigné. C'est du reste, nous
le constaterons, le cachet distinctif de la population
de Bethléem : elle est laborieuse et artiste. La nacre,
sous leurs doigts, s'assouplit, se façonne, se découpe
comme la plus fine dentelle ; les familles, en grand
nombre catholiques, constituent dans chaque foyer
un centre d'industrie.

La fanfare de dom Belloni est sous les armes à
la porte de ville : aux accords de ses marches mili-
taires, elle accompagne à la basilique les pèlerins
attendus, tandis qu'à la recherche d'un autel pour
la sainte messe je prends les devants, escorté d'une
troupe de bambins qui, par confusion de nom, me
conduisent à la grotte.... *du lait.*

L'office de « Noël » est préparé à l'église paroissiale des RR. PP. Franciscains, contiguë au sanctuaire de la Nativité.

La basilique élevée sur la grotte de Bethléem est
d'un grand style, avec son vestibule, avec ses cinq
nefs, longues de 33 mètres et dont la principale
mesure 20 mètres de largeur, avec ses quarante
colonnes monolithes supportant les architraves de
ce vaste vaisseau. Cette construction remonte à
Constantin ; la nef se termine par un transept, un
chœur et deux absides latérales.

Qu'ont fait les Grecs schismatiques, en 1842 ?
Élevant un mur de séparation entre les nefs et le
sanctuaire dont ils sont maîtres, ils sacrifièrent du
même coup les nefs de la basilique qui devint *terrain neutre*, et, comme tel, bon à tout, excepté au
culte religieux. A mon entrée dans ces vastes galeries, je me heurtai à des enfants livrés aux jeux
bruyants de leur âge, à un groupe de soldats en plein
exercice militaire. Les schismatiques sont satisfaits :
halles, promenoir, corps de garde, tout, plutôt
qu'église *catholique*.

La véritable grotte est sous le chœur de la basilique ;
les Latins n'en sont point expulsés ; mais, dépossédés
de l'autel principal (Nativité), ils n'ont plus droit
qu'à l'autel de l'Adoration des Mages et aux autres
chapelles souterraines (les SS.-Innocents, S.-Eusèbe,
Ste-Paule, S.-Jérôme).

Ladislas fut autorisé, comme moi, à passer la nuit
au couvent franciscain, toujours religieusement

hospitalier aux pèlerins de passage ; il voulait être
le répondant de la messe que j'allais célébrer à
minuit 1½ dans ce sanctuaire, où nous attendent
des émotions de pèlerinage consolantes entre toutes.

Nous consacrerons les heures de loisir de la journée à la visite de l'orphelinat Belloni et des vasques
de Salomon.

Cent enfants recueillis par ce vénérable prêtre italien sont les éléments d'une œuvre considérable et
de grand avenir pour la ville de Bethléem. La langue
française (chose rare en école italienne) est enseignée
et couramment parlée dans cet orphelinat.

Six prêtres sont attachés à cette œuvre, et, par des
études professionnelles, préparent les jeunes artistes de Bethléem.

Cette visite a laissé à tous les pèlerins français la
meilleure impression.

En nous hâtant, nous pourrons, avant la procession
du soir, réaliser l'excursion projetée au champ de
Booz, à la grotte des pasteurs, aux vasques de Salomon. Charmante promenade à âne sous la conduite
d'un jeune moukre (Georges) dont la conversation,
en excellent français, fut des plus intéressantes.
Ancien élève de Dom Belloni, il est le troisième de
sept enfants et, comme les deux aînés sont mariés, la
table de famille réunit à chaque repas 12 personnes ;
le travail de la nacre doit suffire à l'entretien de tous.

— « Que mangez-vous à vos repas ? — De la soupe,
du laitage, des œufs, des légumes. — Mais la viande ?
— Quelquefois, le dimanche. — Et pour boisson ? —

De l'eau. — Ne buvez-vous jamais de vin, à la maison ? — Très rarement; ceux-là en boivent habituellement qui le récoltent dans leurs vignes ; mais nous sommes trop pauvres, et n'avons pas de vignes.

Eh bien ! ce petit bonhomme, qui nous racontait naïvement sa vie de famille et les soucis domestiques, parle couramment le français, l'italien et l'arabe.

Fier sans doute d'être le guide de *messieurs* qui s'intéressaient à lui, il voulut payer notre bienveillance en nous faisant parcourir toute la petite vallée qui abrite l' « *hortus conclusus* », le jardin fermé de Salomon, et aux flancs de laquelle serpente le précieux aqueduc qui conduit jusqu'à Bethléem (et autrefois à Jérusalem) les eaux toujours limpides de la *Fontaine scellée* du grand roi. Sous ce ciel, avec de tels horizons et de tels souvenirs, l'âme, au milieu de ses rêveries, se promène dans un passé qui semble prendre corps et rapproche de nous des faits bibliques, vieux déjà de vingt-neuf siècles.

Nous arrivons aux *Vasques*. Je ne sais si les bassins remontent réellement au temps du fils de David ; par leurs proportions et le gigantesque travail dont ils sont le produit, ils méritent leur nom : *Vasques de Salomon*. Trois immenses réservoirs, ayant pour premières assises des blocs énormes et, dans la partie supérieure, des dalles polies, mesurent, le plus petit, 116 mètres de longueur, sur une largeur de 70 mètres; le plus grand, 177 mètres, sur 83 de largeur et 15 de profondeur. Les eaux se déversent de l'un dans l'autre, et c'est du dernier que part l'aqueduc de Bethléem.

Notre voyage fut heureux; mais, trois jours plus tard, un de nos aimables compagnons de cabine du « Poitou », un prêtre bayonnais, a été victime sur ce même chemin d'un grave accident. Renversé de cheval et traîné par sa monture, il eut la cuisse déchirée par une plaie béante qui nécessita le transport immédiat du blessé à l'hospice de Bethléem, et un séjour prolongé en Palestine, après le départ du pèlerinage.

La Messe de minuit célébrée à la grotte de la Nativité! le « Gloria in excelsis », le « et Homo factus est », récités sur le sol où est apparue pour la première fois dans le temps, l'humanité sainte du Verbe éternel! la mystérieuse Naissance, eucharistiquement renouvelée par les paroles de la Consécration! nous sera-t-il donné de goûter à nouveau ces joies tout intimes et de sentir aussi vivement les douces influences du mystère de Noël?

Notre jeune sourd-muet expia les joies de Bethléem par une journée... de mal de mer. La fatigue de la veille, l'insomnie de la nuit, le séjour prolongé dans la grotte, au milieu d'une atmosphère épaisse, surchauffée par la fumée des lampes et des cierges, avaient déterminé des crises d'estomac telles qu'il les avait connues sur le Poitou. Ramené à Jérusalem en voiture particulière, il fut bientôt remis sur pied par un repos de quelques heures dans sa cellule de Notre-Dame de France.

CHAPITRE XIX.

UN JOUR D'ASCENSION A JÉRUSALEM.

Lettre de Ladislas à ses condisciples de Poitiers.

BIEN CHERS AMIS,

Jusqu'à ce jour, vous n'avez eu nouvelles du jeune pèlerin que par les lettres de notre bon Aumônier. Fatigué de la course à Bethléem imprudemment entreprise à pied, et qui m'a renouvelé, quinze heures durant, l'abominable souvenir du mal de mer, j'ai mission aujourd'hui de substituer au bâton du touriste le porte-plume du secrétaire, et de vous narrer par le menu — si j'en ai le courage, car ce sera long — notre belle fête d'Ascension qui vient de finir, et pendant laquelle nous avons fait une part à *Dieu*, à la *France*, aux devoirs de l'*hospitalité* fraternelle.

La fête religieuse avait naturellement pour théâtre le mont des Oliviers, situé, vous le savez, à l'orient de Jérusalem, au delà du torrent du Cédron. C'est là que s'étaient donné rendez-vous les 400 pèlerins, accompagnés des familles catholiques de la ville : à 6 heures, tous avaient gravi la sainte colline et priaient sur ce sommet, qui garde encore l'empreinte du pied gauche de notre divin Sauveur. Une riche basilique recouvrait autrefois ce précieux vestige; c'est maintenant une mosquée, car le croissant turc a profané ici tous nos sanctuaires. Les chrétiens, toutefois, ont obtenu la faveur d'y célébrer la messe, le jour de l'Ascension. En vertu de cette tolérance, dix autels portatifs, ce matin, étaient dressés au dedans de la mosquée et au dehors, pour les messes et communions, qui ont été très nombreuses de minuit à 8 heures.

Une respectable tradition nous apprend que, là aussi, sur ce sommet des Oliviers, a été enseignée aux apôtres la prière par excellence, le « *Pater* ». Il appartenait à une dame française de *monumentaliser* ce souvenir : la princesse de

la Tour-d'Auvergne éleva, à très grands frais, un couvent de
Carmélites, et, dans les quatre galeries d'un cloître formant
un carré, elle fit graver sur des dallés de porcelaine les touchantes paroles du *Pater* en 32 idiomes différents : *français,
samaritain, suédois, breton, hongrois, flamand, tartare, san-
scrit, chinois, éthiopien, copte, indoustan, kurde, hébreu, arménien, arabe, turc, allemand, anglais, moscovite, danois, slavon,
norwégien, grec, syriaque, chaldéen, latin, polonais, espagnol,
portugais, géorgien, italien.*

Pauvres sourds-muets ! nous avons peine à balbutier le français, et il y a de petits enfants de douze ans, à Alexandrie,
au Caire, à Bethléem, à Jérusalem, qui parlent facilement le français, l'arabe, l'anglais, l'italien, et qui pourraient réciter le
« Notre Père » en quatre langues !

C'est dans une grande chapelle ouvrant sur le cloître qu'a
été chantée la messe du pèlerinage. En sortant de la cour intérieure, nous descendons un escalier de 18 marches, qui nous
conduit dans une grotte où les apôtres, dit-on, se sont réunis
après la Pentecôte pour rédiger les douze articles du *Credo*,
résumé de la croyance chrétienne.

Chers amis, j'ai été fidèle à la recommandation de M. l'Aumônier, et j'ai demandé que la bénédiction dernière, donnée
par le Sauveur à ses apôtres, fût portée par les anges jusqu'à
l'Institution de Poitiers, pour y fortifier et sanctifier toutes les
âmes.

Restait une seconde partie du programme religieux de la matinée. Béthanie, la demeure des amis de Jésus (Lazare, Marthe
et Marie-Magdeleine) était là, tout près, et nous nous faisions
fête de descendre le versant oriental de la colline des Oliviers,
pour aller prier au tombeau de Lazare ressuscité. Des chevaux,
des ânes sont à la disposition des pèlerins qui veulent ménager leurs forces. M. l'Aumônier choisit un modeste baudet, et
moi, un grand dada portant deux cordes pour étriers et un
bout de licol en guise de rênes ; mais le harnachement im-
porte peu, car ces bêtes franchissent sans broncher des passages
accidentés, vertigineux, où nos chevaux français feraient vingt
fois la culbute.

Nous allions partir, lorsque M. l'Aumônier, jetant sa bride aux
mains d'un petit Arabe, me fait signe de mettre pied à terre et
me conduit, toujours courant, à l'extrémité d'une terrasse
avoisinant une église russe. Nous voyons, *à nos pieds...* devinez
quoi ? la Mer-Morte, miroitant à nos yeux comme un lac de
mercure, et l'estuaire par lequel le beau fleuve du Jourdain, qui

descend de la mer de Génézareth, se jette dans le lac de Sodome.

Les détails sont si apparents, la distance si rapprochée par la transparence de l'atmosphère (et cependant cinq heures de marche nous séparent de cette vallée profonde), que nous renonçons à la fatigante excursion projetée. Que gagnerions-nous de plus ? la puérile satisfaction de dire : *J'ai touché*, quand nous pouvons dire : *J'ai vu*. Voilà comment, chers petits camarades, nous aurons fait à vol d'oiseau notre voyage à la Mer-Morte, qui, par un phénomène encore inexpliqué, maintient son niveau à 410 mètres au-dessous de la Méditerranée ; ses eaux, limpides et transparentes cependant, ont une telle densité (pesanteur), en raison du sel qu'elles contiennent, que les baigneurs ne peuvent y enfoncer : c'est très commode pour apprendre à nager.

Derrière le bassin de la Mer-Morte, dont nous suivons les contours, se dressent le mont des Francs, les montagnes de Moab, et, là-bas, dans le lointain, plus au sud, les immenses solitudes de l'*Arabie*.

Vive le voyage ! mes chers amis, pour graver dans une jeune tête les notions de géographie !

Les autres pèlerins étaient déjà loin sur la route de Béthanie ; nous remontons en selle, et piquant des deux, nous rejoignons après un temps de galop l'arrière-garde qui s'en allait, récitant pieusement son rosaire.

Halte à Bethphagé, ce petit village où se trouvaient attachés l'ânesse et l'ânon destinés à l'entrée triomphale du jour des Rameaux ; la piété des fidèles a entouré d'un certain respect une grosse pierre qui aurait servi d'escabeau au Divin Sauveur pour s'asseoir sur sa modeste monture. Une fresque à demi effacée laisse encore entrevoir les lignes d'un dessin grossier rappelant la scène des Rameaux.

Encore une centaine de mètres, et nous mettons pied à terre à l'entrée d'une porte basse sous laquelle on ne peut pénétrer que le corps plié : c'est le tombeau de Lazare. Chaque pèlerin reçoit un petit cierge allumé, pour éclairer les marches glissantes qui conduisent à la chambre précédant le caveau funèbre ; ici s'est accompli le grand prodige, la résurrection d'un mort de quatre jours et dont le cadavre, déjà putréfié, répandait sous cette voûte, et jusqu'à l'entrée du monument, l'odeur du tombeau ; ici a retenti la parole souveraine de Celui qui est la résurrection et la vie : « Lazare, sors du tombeau. »

Un vénérable religieux lit à haute voix le récit de l'évangile

et, m'a dit depuis M. l'Aumônier, plusieurs pèlerins ont demandé, en cette même enceinte, comme autrefois Marthe et
Marie sœurs de Lazare, la guérison spirituelle, la conversion
des âmes qui leur sont chères. Remontant de cette chambre
sépulcrale, nous nous rendons au lieu où s'élevait autrefois la
maison de la famille de Lazare : des ruines, des sculptures
jonchant le sol, des colonnes en marquent la place. Nous vou-
drions entendre Marthe nous redire, comme à Madeleine :
« Le maître est là, et il l'appelle. »

Faut-il, chers amis de l'Institution, arrêter mon récit, car il
me semble voir G....., le préfet de la congrégation, murmurer
pieusement : « Ainsi soit-il », et faire un grand signe de croix,
comme après une conférence de M. l'Aumônier ?

Tout n'est pas dit encore. Deux cents mètres plus loin... »

Ladislas en était là de sa correspondance ; mais les
mots n'étaient plus lisibles, le sommeil avait fermé
ses yeux et engourdi sa main. Complétons ce qu'il
se proposait de raconter à ses jeunes amis de Poitiers :

Deux cents mètres plus loin, dans la direction nord-
est, est une large dalle à demi enfoncée dans le sol,
en rase campagne ; c'est la pierre du colloque. Ici,
le Sauveur, arrivant d'au delà du Jourdain pour res-
susciter Lazare, entendit Marthe et Marie, venues à
sa rencontre, lui dire : « Seigneur, si vous étiez venu
plus tôt, notre frère ne serait pas mort. » Et Jésus de
répondre : « Ne savez-vous pas que je suis la résurrection et la vie ? Celui qui croit en moi, alors même
qu'il serait mort, retrouvera la vie ; le croyez-vous ? —
Oui, répondit Marthe, je crois que vous êtes le Christ,
le Fils du Dieu vivant. »

Et c'est de cet endroit que, suivis par les Juifs
témoins du colloque, Jésus et les deux sœurs se diri-
gèrent vers la tombe du mort de quatre jours.

Pour nous, cette station était la fin du programme religieux ; nous rentrions à Jérusalem sous un brûlant soleil, mais en joyeuse cavalcade, trottinant sur la berge de la route poudreuse de Jéricho .. pendant que de nombreux pèlerins, escomptant témérairement des voitures qui manquaient au rendez-vous, prenaient le suprême parti de voyager, pour le retour, à l'*apostolique*.

Après la part réservée à *Dieu*, le matin, la *France* réclamait la sienne ; elle ne lui fut pas refusée dans les jardins de l'école des Frères. Au milieu de difficultés qui auraient cent fois découragé une âme moins fortement trempée, le C. F. Evagre a su créer à Jérusalem et rendre prospère un établissement qui ne compte que 12 ans d'existence et, sous les frais ombrages d'un jardin cultivé par ses jeunes novices maronites, il nous avait ménagé la surprise d'une séance littéraire, musicale... et patriotique.

Pour la troisième fois depuis Marseille, nous avions la joie de rencontrer, abrités sous les plis du drapeau national et la main dans la main, l'humble Frère des écoles et le représentant autorisé du gouvernement français, tous les deux ayant au cœur une même ambition : faire connaître, respecter, aimer la France. Le consul général, M. Ledoulx, aux sentiments religieux et chevaleresques duquel tous rendent hommage, comprend de quels puissants auxiliaires il devait demander le concours pour atteindre le but. Ce que des bataillons armés n'auraient su obtenir, le modeste

Frère « ignorantin » l'accomplit discrètement, sans
bruit. Aux centaines d'enfants qui fréquentent sa
classe, aux musulmans, aux juifs, aux schismatiques
qui lui confient l'instruction de leurs enfants, il
montre en action la France catholique, la France
charitable, la France secourable aux petits et
aux délaissés, et, insensiblement, comme la rosée
qui pénètre une terre spongieuse, notre idiome national, à l'exclusion quasi complète des autres langues
étrangères, se retrouve sur les lèvres de tout ce peuple oriental : l'œuvre des Frères enfante au loin des
admirateurs et des amis de la France

Le gouvernement applaudit à ce succès, l'enregis-
tre dans des documents officiels, dans des pièces di-
plomatiques ; pour le seconder, il accorde des subsi-
des... Pourquoi, hélas! faut-il s'éloigner à 900 lieues
de la patrie pour être témoin de ces sentiments de
bienveillance et d'équité ?

Une estrade qui sera le théâtre de nos jeunes acteurs
emprunte son unique décoration aux couleurs natio-
nales disposées en trophées, banderoles, étendards
encadrant l'écusson : « DIEU ET PATRIE. »

Le programme de la fête? Il est complet :
chœurs, poésie, souhaits aimables, plaidoyer, etc.,
douze morceaux du meilleur goût... et du plus pur
français, d'esprit et de langage. Les applaudissements
qui avaient répondu aux paroles aimables du C.
F. Evagre et à l'allocution du consul ne furent
pas ménagés aux jeunes artistes, qui ont chanté, dé-
clamé, mimé chaque pièce avec entrain et brio.

Là encore, nous étions en pleine terre française.

Cette brillante journée sera complète après la fête de l'hospitalité préparée sous la grande tente que, dès la veille, on avait dressée au milieu de la cour de Notre-Dame de France. Tous nos amis sont là, représentés par les supérieurs et aumôniers des maisons religieuses de Jérusalem. *Casa nova, S.-Etienne, S.-Joseph* nous avaient envoyé pour la circonstance leurs hôtes du pèlerinage : 420 convives trouvent place à ces fraternelles agapes présidées par M. le consul général, et qui cimentent l'union entre toutes les œuvres de Terre-Sainte. Une allusion délicate de M. Ledoulx à l'hôtellerie de Notre-Dame de France, d'une importance capitale pour le bien qui s'opère par les Français en Palestine, est couverte d'applaudissements. Même accueil aux orateurs, poètes, déclamateurs qui ont renouvelé une des sympathiques séances littéraires et musicales du *Poitou*.

Cette réunion pleine de cordialité aura été féconde ; elle a semé le germe des nombreuses cellules que, dans cinq jours, nous voterons d'enthousiasme pour les futurs pèlerins de la Pénitence.

9

CHAPITRE XX.

Tout pèlerin français que la Providence conduit aux rives de Palestine rapporte, de ce lointain voyage, trois souvenirs dont le cœur se nourrit aux heures où la rêverie, pour nous arracher aux anxiétés du présent, fait revivre les jours passés.

Il y a d'abord les émotions du *Chrétien*, qui a suivi pas à pas sur la voie douloureuse les traces sanglantes de la victime du Calvaire ; — il y a, par surcroît, hélas ! la poignante tristesse du *Catholique*, à la vue des sanctuaires profanés, aux mains des schismatiques ou infidèles ; — mais il y a aussi la légitime fierté et les espérances du *patriote*, au spectacle consolant des œuvres françaises sur cette terre d'Orient.

Des deux premières, nous n'avons rien à dire en ce chapitre, d'autres pages leur sont réservées ; mais il m'en coûterait de taire que, là-bas, c'est encore par les Francs que s'accomplissent, comme aux jours glorieux de notre histoire, les œuvres de Dieu : *Gesta Dei per Francos.*

La population de Jérusalem (45,000 habitants environ) se compose d'éléments empruntés aux races les plus diverses. Arabes, Juifs, Arméniens, Turcs,

Grecs et autres peuples d'Europe s'y coudoient, ces derniers toutefois dans une infime proportion.

Or, au milieu de ce conflit de croyances, de mœurs, de tempéraments, il se produit un phénomène étrange : pendant que la Russie, au prix de millions et de millions, installe aux portes de la ville une importante colonie moscovite, avant-garde probable d'une armée d'occupation ; pendant que l'Angleterre et l'Allemagne se font représenter par des nationaux, et surtout par l'or des sociétés bibliques, l'élément français ne compte que deux ou trois familles noyées dans cette confusion ; et, cependant, malgré cette disproportion numérique, l'oreille ne surprend nulle part l'idiome russe, germanique ou anglais. Notre chère langue française, au contraire, entre toutes les autres, est couramment parlée comme une seconde langue nationale ; elle se retrouve sur les lèvres de toute une génération qui grandit, là-bas, dans la sympathie et l'amour de la France.

Depuis que notre protectorat officiel est si déplorablement amoindri, l'apostolat exercé par la France est exclusivement l'œuvre de nos Religieux qui, par vertu et patriotisme, fermant les yeux à nos dissensions intestines, travaillent à maintenir, à étendre notre influence au milieu de peuples jaloux.

Comment cela ? Nous copions textuellement nos notes de Terre-Sainte :

L'heure n'est plus à l'expectative, à la temporisation. Des soldats, l'arme au bras pour défendre des positions acquises, c'était suffisant peut-être, autrefois ; l'avenir est désormais aux éclaireurs, aux milices d'avant-garde qui volent à de nouvelles conquêtes.

Ainsi l'ont compris, entre tous, les Frères du bienheureux de la Salle, les missionnaires du cardinal Lavigerie, les prêtres du P. Ratisbonne, les Dames de Sion......, et les fondateurs de l'œuvre de Notre-Dame de France. Leur champ de bataille principal, c'est l'école, et l'*école française*.

1° FRÈRES DU B. DE LA SALLE.

Ces vaillants pionniers ont déjà pris possession, en Egypte, de sept centres importants : Alexandrie, le Caire, Ramleh, « près Alexandrie » Port-Saïd, Tahtah, Mansourah, Suez (Port-Tewfick) ; et là, au milieu de populations arabes, un zèle discret sème dans les âmes, avec les notions de croyance religieuse, l'amour de leur patrie française.

Alexandrie et le Caire nous ont donné la mesure des fruits que l'on est en droit d'attendre d'un tel enseignement.

Sur cette terre d'Egypte, 160 religieux groupent autour de leurs chaires 3.130 enfants, leur rendant familières, selon les aptitudes et les projets d'avenir, la langue française (obligatoire pour tous), la langue arabe, l'anglais, l'italien, le grec, l'espagnol ; et, dans le but d'assurer la vitalité de leurs œuvres en cette contrée où l'arabe est l'idiome populaire, un noviciat et un scolasticat établis à *Ramleh* forment cinquante jeunes frères à l'étude approfondie de cette langue orientale.

Mais l'Egypte n'a point, en Orient, le monopole du dévouement des fils du bienheureux de la Salle ; la *Syrie* (Beyrouth, Lahakich , Tripoli) et la *Palestine* les comptent au nombre de leurs plus laborieux ouvriers. On les retrouve à Caïffa (200 élèves), à Jaffa (180), à Jérusalem (200), et bientôt, espérons-le, à Nazareth.

La maison de Jérusalem, fondée au mois d'octobre 1878 par le C. F. Evagre, homme d'une grande expérience, est située à proximité des remparts, au débouché de la nouvelle porte de Notre-Dame de France. Elle s'élève au lieu même de l'ancienne tour Pséphina, bâtie par Hérode Agrippa (40 ans avant J.-C.), restaurée par les Croisés et occupée par Tancrède. Une partie des murailles de la tour, mesurant sept mètres d'épaisseur, demeure enclavée dans les substructions de la maison actuelle.

Neuf cent cinquante enfants sont sortis de cette école depuis sa fondation, tous connaissant la langue française et emportant, à quelque culte dissident qu'ils appartiennent, un germe de vérité religieuse. Les Frères ont semé; Dieu, par sa grâce, fera le reste. De plus, un petit noviciat maronite, comprenant 30 sujets, prépare des professeurs arabes pour les établissements de la région et de nouveaux amis pour la France.

2° LES PÈRES BLANCS, ou *Missionnaires d'Alger.*

Ils sont deux fois français, nous l'avons déjà dit, les 17 braves religieux de Sainte-Anne : par le sang qui coule dans leurs veines; par le sanctuaire dont ils ont la garde et qui est devenu terre française depuis la guerre de Crimée.

Le sanctuaire, nous le connaissons: c'est la crypte de l'Immaculée Conception. Il semblerait que Marie, qui a fait de notre patrie son royaume, ait attendu la prise de possession de ce vénéré sanctuaire, pour venir proclamer, elle-même, aux roches Massabielles le privilège qui est toute sa gloire : « Je suis l'Immaculée Conception. »

Mais sur ce territoire français de Sainte-Anne se développe une œuvre d'une portée immense, si Dieu continue de la bénir, pour la régénération de l'Orient schismatique. Des peuplades entières (les Grecs non unis) en Syrie vivent dans l'hérésie et le schisme, parce que leurs popes ou pasteurs, victimes de l'oppression et de l'ignorance, perpétuent au milieu d'elles les erreurs de Photius. Mais leur séparation d'avec l'Église romaine tient actuellement moins à une question de dogme (le Saint-Esprit procédant du Père *et du Fils*) qu'à un état de choses déjà ancien, sur lequel ces populations ne veulent point faire la lumière. Ces hérétiques sont 30,000 dans la seule Palestine, mais la Syrie et la Russie les comptent.... par millions.

Or, dans leur bonne foi naïve, que manque-t-il à ces peuples pour retrouver la vérité entière ? Des pasteurs instruits, de leur propre race, de leur langage, les conduisant par l'ascendant du bon exemple, de l'autorité, de l'intégrité des mœurs et de la science, dans les bras de notre mère la sainte Église. C'était l'ambition de Pie IX, comme c'est encore le désir ardent de Léon XIII, et l'instrument de ce retour de l'Orient vers l'Occident est aux mains des Religieux de Sainte-Anne. Cette année même (1899), les premiers prêtres sortiront de leur séminaire pour se mettre à la disposition des évêques : et, apôtres de la vérité, ceints de l'auréole du célibat religieux, ils élèveront la voix au milieu de leurs frères, qui attendent depuis 9 siècles des pasteurs fidèles.

Dans cette régénération de l'Orient, une grande part sera faite à la France, puisque ce sont ses fils qui auront préparé les ouvriers du Seigneur.

3° LES DAMES DE SION.

Une œuvre encore féconde pour la sainte Église, et riche d'espérance. La congrégation des Dames de Sion doit son existence à un fait qui eut grand retentissement à Rome et en France, en 1842 : la conversion miraculeuse d'un juif incrédule, riche banquier et l'ennemi juré des chrétiens, Alphonse Ratisbonne. Dans bien des mémoires est resté vivant le souvenir de cette mémorable conversion, survenue à Rome, dans une église où il était entré par seule convenance, pour accompagner un ami. Terrassé par une merveilleuse apparition de la Vierge, qui se tient debout, brillante de majesté et de douceur, il s'agenouille, et il se relève converti; mais, *converti*, il perdait la fortune que lui destinait son oncle le banquier ; il perdait sa fiancée, qui lui apportait une riche dot et les qualités d'une personne d'excellente éducation ; il perdait l'affection et l'estime de toute sa famille juive. Il perdait tout cela; oui, mais il trouvait dans cette vie chrétienne, dont la miséricorde et la tendresse toute gratuite de Marie venaient de l'inonder, la force d'accepter ces douloureux sacrifices, le courage d'accomplir ses nouveaux devoirs, et, comme un autre Paul, le zèle de l'apostolat pour la conversion des Juifs, ses frères.

Il fonda, de concert avec un frère aîné converti avant lui, la congrégation des Dames de Sion ; le but de cette œuvre établie à Jérusalem, c'est de prier, c'est de travailler pour la conversion des jeunes juives orphelines. Leur chapelle, nous l'avons dit plus haut, est le sanctuaire de « l'Ecce Homo » et du couronnement d'épines, autrefois le point de départ du « chemin de croix » dans les rues de Jérusalem.

A l'ombre de ce sanctuaire sont groupées des œuvres d'*expiation*, d'*éducation* et de *charité*.

L'expiation, par la prière, les exercices de la vie religieuse, le chant quotidien du *Pater dimitte illis*. « Mon père, pardonnez-leur, ils n'ont pas conscience du crime qu'ils commettent. » Les voix pures des Religieuses et de leurs chères orphelines réparent et expient le déicide des Juifs.

L'éducation est donnée, d'abord, à 80 orphelines indigènes, entretenues gratuitement par la communauté, toutes catholiques de rit latin ou de rit oriental, et, toutes aussi, désireuses d'apprendre la langue française enseignée dans chaque division. — De jeunes musulmanes, occupant un quartier séparé des chrétiennes, viennent demander à cette pieuse maison les premiers éléments de la civilisation européenne, de dignité de vie, d'ordre, de propreté, et déjà, dans ces familles heureuses de la tenue, des progrès, de la joie de leurs enfants, commence à s'écrouler le mur de séparation qui interdisait tout rapprochement entre chrétien et musulman. — Un pensionnat complète l'œuvre d'éducation entreprise par ces saintes religieuses ; il est ouvert à 25 jeunes filles appartenant presque toutes aux sectes dissidentes : grecques, arméniennes, protestantes, israélites. Les deux filles du Pacha ont été les élèves des Dames de Sion. Et là, comme dans les deux autres quartiers, la langue française est en honneur.

Les religieuses de Sion ont aussi leur œuvre de compatissante *charité*: un dispensaire, ouvert chaque jour, reçoit jusqu'à 100 et 120 visites quotidiennes de malades et d'infirmes de toute nationalité, de tout culte : la charité qui ne sait faire acception de personne fraiera le chemin à la vérité et à la foi chrétienne.

Une succursale de l'orphelinat a été installée à Saint-Jean *in Montana* ; cinquante enfants, sous la conduite de 10 religieuses, se livrent aux mêmes occupations que leurs compagnes de l'*Ecce Homo*.

Les jeunes garçons ont aussi leur part. Plusieurs prêtres, qui s'étaient groupés autour du P. Ratisbonne, dirigent, à un quart d'heure de la porte de Jaffa, l'important orphelinat de Saint-Pierre, qui est en même temps une école d'arts et métiers. J'ai parcouru avec Ladislas les ateliers de sculpture, de cordonnerie, de sellerie, de couture ; il sortira de là d'habiles ouvriers pour la ville de Jérusalem, premier germe de l'industrie qui remplacera peut-être, à bref délai, le *farniente* arabe.

L'orphelinat — avec sa fanfare, qui est de toutes les fêtes — voulut avoir aussi sa séance dramatique, littéraire, musicale, et surtout française. Elle eut brillant succès. La série de 18 morceaux fut un feu de file exécuté avec une merveilleuse précision, sans un seul *raté*; *les Tripes à la mode de Caen* et *le Tribunal en sabots* ont été enlevés au milieu des rires de toute l'assistance.

Les filles et les coadjuteurs du P. Ratisbonne sont fidèles à leur mission : coopérer, par l'apostolat catholique, à la conservation et au développement de l'influence française.

A l'action exercée par les *écoles*, d'autres maisons religieuses adjoignent le concours non moins efficace du soin des malades et de la prière contemplative.

Nous ne pouvons que les énumérer :

— Les *Sœurs Saint-Joseph de l'Apparition*, appelées en Palestine par le patriarche Mgr Valerga, ont la direction de l'hospice Saint-Louis (fondation du généreux comte de Piellat), d'un orphelinat et d'un externat de jeunes filles.

— Les *Religieuses de Saint-Vincent-de-Paul* complètent leurs œuvres ordinaires de charité par les soins assidus donnés aux lépreux de Jérusalem. Nous avons, un jour, assisté à la visite de ces pauvres êtres, dont les organes, les membres disparaissent un à un, atrophiés ou rongés par le virus implacable de la lèpre. L'héroïsme qui fait affronter à ces saintes filles la répugnance de telles plaies, le danger de la contagion, leur parait chose toute naturelle. La charité chrétienne enfante ce prodige.

— Les *Clarisses* au mont Sion, les *Carmélites* aux Oliviers, les *Religieuses de Marie Réparatrice* (nous pouvons ajouter : les *Sœurs du Rosaire*) sont les voix qui prient. De leurs monastères, comme de l'encensoir d'or des vieillards de l'Apocalypse, montent à toute heure, vers le trône de l'Agneau, les supplications et les sacrifices des saints de la *vallée d'exil*. Vive Dieu ! Le Très-Haut, regardant du ciel cette terre désolée de la Palestine, ne pourra plus dire comme aux jours de son Prophète : « tous ont prévariqué, leur vie s'écoule inutile, il n'est plus une âme à la recherche des biens célestes... »

Gardons-nous d'oublier dans cette rapide nomenclature les R. P. Dominicains de Saint-Étienne qui préparent un alumnat pour l'étude de l'Écriture Sainte et des langues orientales. Ils sont actuellement les gardiens des fouilles qui ont mis à jour les substructions de la primitive basilique élevée sur le lieu du supplice du premier martyre. Les pèlerins poitevins se sont fait un pieux devoir d'aller prier sur la tombe du fondateur de cette œuvre, le R. P. Mathieu, qui a laissé à la résidence de Poitiers si grand renom d'éloquence et de direction spirituelle.

Mais toutes ces œuvres déjà vivantes, fécondes, reçoivent encouragement et secours de l'œuvre du pèlerinage annuel de pénitence, qui est, j'ose l'affirmer, la clef de voûte de ce mystérieux édifice élevé, pierre à pierre, par nos admirables religieux français.

Vaillants Pères de l'Assomption ! vous êtes de la race de ceux par lesquels Dieu peut opérer le salut d'Israël. Complétez votre œuvre ; élargissez l'enceinte, augmentez les cellules de l'hospitalière maison de Notre-Dame de France. Que nos pèlerins, tous, *des centaines et des centaines*, viennent y trouver asile ; ils reposeront à l'ombre de la statue de la Vierge Immaculée, et, protégés par le drapeau de la patrie absente, qu'aux nombreux colons retenus sous les murs de Jérusalem par l'or moscovite, allemand ou anglais, ils puissent dire, avec un légitime orgueil : « La France aussi est là ! au tombeau du Christ, elle veille, elle prie..., elle attend. »

CHAPITRE XXI.

Nous voulions, Ladislas et moi, en quelques dernières pages, grouper encore, pour mémoire, divers incidents qui n'avaient pu trouver place au sommaire des précédents chapitres ; une missive *officielle* de l'imprimeur nous prie poliment de couper court : il avait traité pour 200 pages, et la mesure est dépassée de 16. Qu'il nous le pardonne et le lecteur aussi !

D'un trait de plume supprimons donc les détails concernant :

— LA MOSQUÉE D'OMAR, le célèbre mont Moriah sanctifié, *aux époques bibliques*, par le sacrifice d'Abraham, le temple de Salomon, l'arche d'alliance, la table d'or des pains de proposition ; et, *aux temps évangéliques*, par plusieurs actes importants de la vie mortelle du Sauveur. A ces reliques précieuses et à ces souvenirs, l'islamisme substitue.... deux poils de la barbe de Mahomet renfermés dans un tube de cristal et vénérés par les Arabes ;

— LA MOSQUÉE EL-AKSA qui, elle aussi, renouvelle la tristesse des pèlerins. L'ancienne basilique de la Présentation, église à *sept* nefs, longue de 90 mètres

sur 60 de largeur, n'est plus qu'une succursale de
la mosquée d'Omar ;

— LES PLEURS DES JUIFS, qui éveillent dans l'âme
un sentiment de respectueuse pitié pour l'inexpli-
cable aveuglement du peuple d'Israël. Le livre de la
loi à la main, ils redisent chaque vendredi (et cela
depuis des siècles) les accents désolés du Psalmiste
et des prophètes : « le sanctuaire profané, les pierres
du temple dispersées, la ville sainte dans laquelle ils
ne sont plus que des étrangers. » — Pauvres aveugles!
ils ont en main les pages d'Isaïe, de Daniel,.... et ils
attendent encore !

— LA PENTECÔTE AU CÉNACLE. Dans le cimetière
latin, au même lieu où se sont manifestés, au jour
de la Pentecôte, les fruits de la première prédication
apostolique, la grande tente avec ses 19 autels avait
été dressée ; et les vivants, mêlés aux morts, chan-
taient en ce glorieux anniversaire de la descente de
l'Esprit-Saint : « *Lava quod est sordidum, riga quod
est aridum, sana quod est saucium* : « Purifiez
toute souillure, rendez active toute sève desséchée,
guérissez toute plaie saignante. » Et, pour nous, la
grande blessée, c'était la France !

— LA PENTECÔTE A LA SYNAGOGUE (cinquante jours
après la fête des prémices de la moisson). Singulier
spectacle que la réunion de 80 Juifs environ, *criant*
sur tous les tons, depuis l'enfant jusqu'au vieillard,
les versets du livre du Lévitique ayant trait à la fête;
ils accompagnaient cette bruyante récitation d'un ba-
lancement du corps d'avant en arrière pour rappeler,

dit la légende, leur père Abraham entrant en terre
promise, et balancé de même sur le chameau qui
était sa monture.

Ladislas voulut donner bakchiche au jeune Israélite, notre guide. Le Juif dignement s'en défendit,
ne voulant sans doute rien recevoir d'un chrétien,
de main à main. Nous étions stupéfaits : un fils
d'Israël refuser le bakchiche ! Attendez : le phari-
sien montre du doigt une petite poche du vêtement
dans laquelle il nous sera licite de déposer la pièce
d'argent sans souiller la main qui reçoit. La *lettre* et
l'esprit... dans son application judaïque !

Nos adieux aux sanctuaires de la Ville Sainte occupent toute notre journée du lundi de la Pentecôte.
Messe à la chapelle de la Flagellation ; dernière prière
à la grotte de l'Agonie ; parcours de la voie douloureuse ; longue station au Calvaire ; chant du *Magnificat* à l'oratoire de Notre-Dame de France ; visite
fraternelle—et de deuil, hélas ! — à l'un des nôtres que
nous, Poitevins, nous laissions mourant à l'hospice,
et qui devait être cette année, dans les desseins de
Dieu, la victime choisie du pèlerinage : âme émi-
nemment sacerdotale, scrupuleusement esclave du
devoir, épurée par la souffrance, elle était digne de
ce choix.

Au coucher du soleil les pèlerins reprennent la
route de Jaffa ; c'est la fin d'un beau rêve. Le cœur
est oppressé comme à l'heure d'une douloureuse
séparation, et pendant que notre attelage bien conduit descend rapidement la colline, nos yeux s'at-

tachent pieusement aux dernières lignes de la muraille dentelée : Sion, Cité de David, Jérusalem, adieu !!!

Le retour à Jaffa fut ce qu'avait été le premier voyage, par une de ces belles et fraîches nuits d'Orient. Désormais, sur le « Poitou », nous rêverons de la France, estimant bien lente la marche du navire, mais retrouvant notre vie de famille, notre chapelle, notre cabine!!! et les doctes conférences de nos charmants causeurs : P. Edmond, MM. Dumuys, Couret, Imbart, etc. Pourquoi la modestie du P. Vergneau nous a-t-elle privés d'entendre ses aperçus ingénieux sur les relations du divin Sauveur avec le Temple de Jérusalem pendant les années de sa vie mortelle ?

Au passage du détroit de Messine, par une mer des plus calmes, le commandant transmet au sémaphore de la côte la dépêche suivante avec les abréviations conventionnelles :

R. Transmettez télégraphiquement la dépêche qui va suivre. S. V. P.

D. G. T. L.	Journal	D. T. L.	En très bonne santé.
Q. G. H.	La	F. C. S. Q.	Voyage.
C. Q. W. V.	Croix	L. G. R.	Excellent.
B. G. L. Q.	Paris	D. J. T. P.	Transmettez vite.
K. Q. R. S.	Poitou		
D. C. K. T.	Tout le monde.		Rép. Immédiatement et avec plaisir.

C'était l'annonce de notre prochaine arrivée à Marseille et à nos foyers, où des cœurs amis, impatients de nous revoir, comptaient les heures... autant que Ladislas.

Notre entrée à l'Institution fut un triomphe ; l'allégresse des deux côtés était la même, tempérée toutefois chez Ladislas par le regret de ne point rapporter de la terre d'Orient une barbe de pèlerin... à l'instar de son compagnon de route. Les chants qui nous avaient salués au départ accueillirent encore les voyageurs au retour :

> De Gethsémani, du Calvaire,
> De la tombe sainte, une voix
> Répondant a votre prière
> Pardonna-t-elle cette fois ?
> La coupe de vengeances pleine
> S'est-elle brisée en vos mains ?
> Parlez de la plage lointaine
> *Parlez-en longtemps, pèlerins.*

Les pages qui précèdent sont la réponse à ce souhait de l'amitié.

« Si je t'oublie, Jérusalem, que ma main droite demeure desséchée ; que ma langue s'attache à mon palais, si je perds ton souvenir. » (Ps. 136.)

TABLE DES MATIÈRES

www.ingramcontent.com/pod-product-compliance
Lightning Source LLC
Chambersburg PA
CBHW071942090426
42740CB00011B/1785